Karl Rahner

Gegenwart des Christentums
Band 161 128 Seiten, 2. Aufl.

Glaube, der die Erde liebt
Band 266 174 Seiten, 5. Aufl.

Kleines Konzilskompendium
in Zusammenarbeit mit H. Vorgrimler
Band 270 : : : : 776 Seiten, 8. Aufl.

Kritisches Wort
Band 363 · · 252 Seiten, 2. Aufl.

Chancen des Glaubens
Band 389 · · 256 Seiten, 2. Aufl.

Hörer des Wortes
Band 403 · · 192 Seiten

Herders Theologisches Taschenlexikon
in acht Bänden (monatl. 1 Band)
herausgegeben von Karl Rahner
Band 451 : : : . bis 458 : : : .
(Band 8 erscheint im April 1973)

in der Herderbücherei

Nachschlagewerke

Herbert Haag
Biblisches Wörterbuch
Band 394 : : : 414 Seiten

Rupert Berger
Kleines Liturgisches Wörterbuch
Band 339 : : 496 Seiten

Max Müller / Alois Halder
Kleines Philosophisches Wörterbuch
Band 398 : : 344 Seiten, 2. Aufl.

Georges Bastin
Wörterbuch der Sexualpsychologie
Band 426 : : . 376 Seiten

Helmut Schoeck
Soziologisches Wörterbuch
Band 312 : : . 400 Seiten, 6. Aufl.

Adolf Haas
Teilhard de Chardin Lexikon
Band 407 : : : (A–H) 382 Seiten
Band 408 : : : (I–Z) 398 Seiten

in der Herderbücherei

Herderbücherei

Band 446

Über das Buch

Unter den Taschenbüchern, die Karl Rahner bisher zur „Herderbücherei" beigesteuert hat, nimmt „Strukturwandel der Kirche als Aufgabe und Chance" eine Sonderstellung ein: Es handelt sich hier nicht um die verdienstvolle Sammlung weit verstreuter kleinerer Beiträge, sondern um ein Buch, das einem einzigen Thema gewidmet ist, einem Thema allerdings, das die theologische Arbeit des Verfassers wie kein zweites bestimmt.

Ausgehend von der Problematik, die auf der Synode aufgebrochen ist, analysiert Karl Rahner zunächst die Situation der Kirche in der Bundesrepublik. Diese Situationsanalyse mündet wie selbstverständlich in eine Besinnung auf die konkreten Aufgaben der Kirche heute und morgen und in das Suchen nach einer Antwort auf die brennenden Fragen der Zeit. Nicht alles, was hier vorgetragen wird, ist neu. Neu aber ist das mutige Ausgreifen auch in eine fernere Zukunft, neu ist das unerschrockene Entwickeln einer „konkreten Utopie".

Positionen, die den Kern des kirchlichen Auftrags nicht berühren, werden klaglos preisgegeben; die Kirche wird frei, ihre Aufgabe zu erkennen, die zugleich ihre Chance ist: dem Bleibenden schöpferisch eine Zukunft zu erobern, Kirche lebendiger Spiritualität zu sein.

Dem „ungeduldigen Katholiken" wird manches nicht kühn genug, dem „besorgten Katholiken" manches vielleicht allzu kühn erscheinen. Wer aber unvoreingenommen und aufmerksam liest, dem wird – zumal, wenn er die Konzilsdekrete kennt – nicht entgehen, daß hier die Orthopraxis der Kirche zugleich ihre Orthodoxie ist.

Über den Autor

Karl Rahner, geboren am 5. März 1904 in Freiburg i. Br., 1922 Mitglied der Gesellschaft Jesu. Nach den ordensüblichen Studien der Philosophie und Theologie (1924 bis 1934) Schüler M. Heideggers in Freiburg; Dr. theol. in Innsbruck (1936); Habilitation und Privatdozent in Innsbruck (1937). 1949 ordentlicher Professor für Dogmatik an der Universität Innsbruck, 1964 als Nachfolger R. Guardinis Inhaber des Lehrstuhls für Christliche Weltanschauung und Religionsphilosophie an der Universität München, 1967 Ordinarius für Dogmatik in Münster, seit 1971 emeritiert in München. Konzilstheologe, Mitglied der päpstlichen Theologenkommission, Ehrendoktorate der Universitäten Münster, Straßburg, Notre Dame (USA), Saint Louis (USA), Yale (USA), Innsbruck und Löwen. Träger des Reuchlin-Preises der Stadt Pforzheim 1965. Mitglied des Ordens Pour le mérite für Wissenschaften und Künste. Herausgeber theologischer Standardwerke mit internationaler Verbreitung. Das Verzeichnis seiner Bücher und Aufsätze umfaßt bis 1969 über 2000 Nummern.

Karl Rahner

Strukturwandel der Kirche als Aufgabe und Chance

Herderbücherei

Originalausgabe
erstmals veröffentlicht als Herder-Taschenbuch

1. Auflage November 1972
2. Auflage Dezember 1972

Herder Freiburg · Basel · Wien
Herder Druck Freiburg im Breisgau 1972
ISBN 3-451-01946-9

Vorwort

Das Thema, das sich der Verfasser in diesem kleinen Buch zu behandeln vorgenommen hat, ergibt sich aus dem Titel und den ersten Seiten des Buches selbst. Dazu ist zunächst nichts zu sagen. Wenn der Verfasser es nun dem Leser übergibt, so weiß er nicht, wie es dem Buch ergehen wird. Vielleicht empfinden es viele als zu „progressiv“ und (kirchlich) zu „links“, die anderen aber als viel zu konservativ. Viele werden sagen, ich wisse die Zukunft der Kirche auch nicht, von der ich rede. Und dabei haben sie recht, denn ich bin kein Prophet, und letztlich ist die Zukunft der Kirche ein Gegenstand der Hoffnung wider die Hoffnung und nicht eine Sache der Futurologie. Andere werden sagen, daß die Auswahl der Thematik willkürlich sei und nicht gut geraten. Wie kann man das widerlegen? Wer so kritisiert, muß sich allerdings fragen lassen, wie denn nach seiner Meinung die genauere Auswahl in der Thematik getroffen werden müsse und warum seine Auswahl unbedingt überzeugend sei. Auf die Antwort auf diese Frage wäre der Verfasser gespannt. Es ist klar, daß die Thematik sich auf solche Fragen beschränkt, die in unserer deutschen Situation vordringlich erscheinen. Selbstverständlich weiß auch der Verfasser, daß die Thematik des Buches durch es selbst nicht aufgearbeitet ist und viele andere Überlegungen durch andere Theologen und Christen und Kirchenmänner notwendig wären. Nur so kann ein kirchlich kollektives Bewußtsein sich langsam, aber deutlich herausbilden, unter welchen Grundkonzeptionen das Handeln der Kirche heute für die Zukunft stehen müßte, damit die Einzelentscheidungen einigermaßen sinnvoll zusammenpassen und damit nicht einfach bloß „weitergemacht“ wird dort, wo dem Christen eben doch Voraussicht und Planung möglich und geboten ist.

Karl Rahner

Inhalt

Einleitung

Problematik der Synode

Auch wenn Gottes Geist, Glaube, Hoffnung und Liebe in den Taten des Lebens das Schicksal der deutschen Kirche in den nächsten Jahrzehnten viel mehr bestimmen werden als alle hoffentlich noch so guten Beschlüsse der Synode, auch wenn der Geist Gottes selbst alle Beschlüsse, sollen sie nicht Papier bleiben, erst noch übersetzen muß im Geist und Leben der Kirche, so ist dennoch diese Synode ein wichtiges Ereignis in der Geschichte der deutschen Kirche. Besser: soll ein wichtiges Ereignis werden. Das aber ist nur möglich, wenn wir mit der ganzen Kraft des Geistes und des Herzens, die uns zu Gebote steht, an die Aufgaben gehen, die uns diese Synode stellt.

Nun scheint es mir aber so zu sein: die Synodalen haben sich – hoffentlich täusche ich mich in meiner Befürchtung – mit einem solchen Eifer sofort auf die einzelnen Fragen *als* einzelne gestürzt, daß das eine Ganze der Aufgabe gar nicht deutlich genug in das Bewußtsein der Synode zu treten in Gefahr ist. Bisher haben das Präsidium der Synode und ihre Zentralkommission vor allem nur formalrechtliche und organisatorische Aufgaben in Angriff genommen. Ein eigentlich deutlicher Grundplan für die Aufgabe der Synode als einer und ganzer kam dabei höchstens insofern am Rand des Bewußtseins zum Vorschein, als die Zentralkommission wenigstens zu überlegen begonnen hat, wie viele und welche Einzelvorlagen ernsthaft zur Behandlung kommen können, welche Zeit für die Dauer der Synode höchstens zur Verfügung steht und somit den Umfang der Behandlungsgegenstände begrenzt. Soviel mir bekannt ist, haben sich die einzelnen Sachkommissionen sofort den je ihnen zugewiesenen Fragekomplexen zugewandt, Einzelvorlagen fertiggestellt oder in Angriff genommen, ohne noch einmal genau die Frage zu stellen, welchen Ort und welchen Stellenwert die ihnen je zugewiesene Thematik in einem Gesamtkonzept der Synode haben kann und haben soll. Diese Grundkonzeption blieb somit bisher dunkel. Dies zumal, als die im Statut der Synode angegebene Aufgabe der Synode zu allgemein und zu selbstverständlich ist, als daß man meinen dürfte, man wisse wirklich, was die Synode zu tun habe, wenn man diesen Satz des Statuts repetiert. Der Themenkatalog, der von der zweiten vorbereitenden Kommission vor Beginn der Synode im Januar 1971 aufgestellt wurde und für die Sachkommissionen wegweisend sein soll, ist zwar in seiner fast unübersehbaren Stoffülle sehr gut, läßt aber auch, mit Verlaub gesagt, vor lauter Bäumen keinen Wald sehen, bietet kein Auswahlkriterium gegenüber einer fast uferlosen Thematik, die dieser Themenkatalog entfaltet. Vielleicht hätte man denken können, daß es Aufgabe der Sachkommission I gewesen sei, nach einem solchen Grundverständnis der Synode zu fragen. Aber abgesehen davon, daß auch dieser Sachkommission eine Menge Einzelfragen zugewiesen worden sind, die ihre Arbeitskapazität voll in Anspruch nehmen können und auch genommen haben, so ist mindestens faktisch die alles andere übergreifende Frage nach dem einen Sinn und der einen Aufgabe der Synode, nach ihrer Grundkonzeption auch von dieser Sachkommission I nicht gestellt und nicht beantwortet worden.

Kann die Synode aber ohne ein solches Grundkonzept auskommen? Kann sie sich einfach, getrieben von den tausend Nöten im Alltag der Kirche heute, sofort mitten in die Arbeit an den Einzelfragen stürzen, ohne zu wissen, welches die vordringlichsten sind? Ohne zu wissen, in welcher Grundrichtung sie beantwortet werden müssen? Ohne zu wissen, nach welchen Grundsätzen die Verpflichtung auf eine zu bewahrende Überlieferung und die Notwendigkeit einer schöpferischen Gestaltung der Zukunft miteinander versöhnt werden können? Wenn ich ehrlich sein darf, so muß ich sagen, daß mir die Synode am Anfang ihrer ersten Arbeitstagung (auch wenn Vergleiche hinken) vorkam wie ein Parlament, das keine Regierung hat, keine wählt oder, falls man das gewählte Präsidium der Synode doch als eine Art Regierung betrachten wollte, von dieser Regierung am Anfang keine Regierungserklärung erhielt. Wenn man sagen wollte, der Vergleich hinke zu sehr, dann wäre es immer noch wahr, daß mindestens bisher die Synode selbst sich kein solches Grundkonzept (das doch nicht einfach selbstverständlich ist, sondern durch Entscheidung nach gründlicher Beratung geschaffen werden müßte) gegeben hat noch offenbar die Absicht dazu hat, noch deutlich ein Organ und Instrument besitzt, so etwas zu finden und zu beschließen.

Man kann nicht sagen, ein solches Grundkonzept sei für sich selbst als Einzelthema überflüssig und das, was damit gemeint ist, wirke sich als innere Entelechie bei den Einzelvorlagen in deren Beratungen und Entschließungen von selber aus, ja könne schließlich nur wirklich an diesem konkreten Einzelmaterial erarbeitet und gefunden werden, so daß die Reflexion auf diese geheime, in allen Einzelvorlagen sich auswirkende Entelechie höchstens ein nachträgliches Geschäft am Ende der Synode sein könne. So etwas mag in gewisser Hinsicht richtig sein, weil man Sinn und Tragweite von letzten, alles durchherrschenden Prinzipien nur in ihrer konkreten Anwendung und Handhabung genau erkennen kann. Dies aber schließt nicht aus und macht nicht überflüssig, daß eine erste Reflexion auf letzte tragende Prinzipien, die die Arbeit an den konkreten Fragen der Synode tragen müssen, am Beginn der Synode steht. Sonst ist die Gefahr gegeben, daß die Synode ohne wirkliche Eigengestalt in Gruppen auseinanderfällt, die je ihr eigenes Geschäft betreiben und sich die amorphen Resultate ihrer Arbeit dann noch am Ende von je den anderen Gruppen bestätigen lassen, die (Sachkommissionen genannt) an der Arbeit und den Entschließungen der je anderen Gruppen letztlich uninteressiert sind und auch gar keine Maßstäbe besitzen, um eine solche andere Arbeit und deren Ergebnisse zu beurteilen. Es müssen ein Grundkonzept, eine Grundrichtung des Strebens, letzte Auswahlnormen für die Arbeit der Synode dieser vorschweben. Sonst können höchstens einige gute Einzelresultate von der Synode erwartet werden, aber die Hoffnung, daß die Synode der deutschen Kirche für die nächsten Jahrzehnte grundsätzlich einen Weg weist und den Gang auf diesem Weg und keinem anderen durch rechtlich verbindliche Weisungen erzwingt, müßte aufgegeben werden.

Man sage schließlich auch nicht, diese Grundkonzeption sei schon genügend gegeben durch den christlichen, katholischen Glauben, den wir alle bekennen, und durch die Erklärungen und Dekrete des Zweiten Vatikanischen Konzils, die auf deutsche Verhältnisse anzuwenden die Synode beabsichtigt. Selbstverständlich wird für uns durch diese beiden, wenn auch sehr gestuft, verbindlichen Größen ein gewisser Rahmen abgesteckt, innerhalb dessen sich die Arbeit und die Beschlüsse der Synode zu halten haben, und es sind gewisse Grundimpulse für die Arbeit der Synode gegeben. Aber damit ist noch längst nicht jenes Grundkonzept deutlich, das für die Synode notwendig ist. Dafür ist zunächst einmal der christkatholische Glaube viel zu allgemein, ganz abgesehen davon, daß konkretere Normen und Gesetze, sosehr sie diesem Glauben entsprechen müssen, nicht einfach und immer bloß logische Deduktionen aus diesen Glaubensprinzipien sein können und sind, sondern immer auch die Einmaligkeit des konkret Geschichtlichen und der freien Tat, durch die sie gesetzt werden, an sich tragen. Ebenso ist es selbstverständlich, daß das Zweite Vatikanische Konzil uns die Arbeit nicht ersparen kann, nach einem solchen Grundkonzept zu fragen. Dieses Konzil hat gewiß für die Kirche im ganzen und somit auch für die deutsche Kirche eine bleibende Bedeutung, die man (wenn man so sagen darf) weder von rechts noch von links abwerten soll. Aber vieles von den positiven Bestimmungen des Konzils ist, nüchtern gesehen, schon überholt, man denke nur zum Beispiel an das Liturgiedekret. Vieles in den Konzilsdekreten ist nur eine Aussage über den christlichen Glauben, und auch dies nicht selten unter Voraussetzungen und Verstehenshorizonten, die nicht einfach die von heute und morgen zu sein in Anspruch nehmen können. Und auf jeden Fall sind die Erklärungen eines Konzils, das sich an die ganze Kirche wendet, zu allgemein, als daß wir nichts anderes zu tun hätten, als sie sofort und unmittelbar in Einzelnormen auszumünzen. So einfach macht uns dieses große Konzil unsere Aufgabe nicht.

Es muß noch auf einen weiteren Gesichtspunkt aufmerksam gemacht werden. Die Synode kennt grundsätzlich keine formierten Parteien und Fraktionen. Man kann zwar den Eindruck haben, daß es eine solche gäbe: die Bischofskonferenz, zumal diese bisher den Eindruck zu erwecken und aufrechtzuerhalten sucht, sie habe in allen Fragen eine einheitliche Meinung, die sie dann auch zu Beginn der Verhandlungen über jede einzelne Vorlage sofort kundtut. Aber die Gruppe der Bischöfe auf der Synode wird doch hoffentlich bestreiten, eine geschlossene Fraktion auf der Synode bilden zu wollen. Und hoffentlich wird diese Versicherung auch im Lauf der Synodenverhandlungen deutlicher werden als bisher. Denn es wäre doch merkwürdig, wenn in allen Einzelfragen von nur einiger Wichtigkeit die

Bischöfe einer Meinung wären. Denn wäre diese Meinung von vornherein richtig, könnte die Synode sich ja sofort auflösen, und alle Entscheidungen könnten den Bischöfen überlassen werden. Unterstellt man aber, daß diese einheitliche Meinung doch nicht notwendig richtig sein müsse, wenn sie an der Sache selbst gemessen wird, dann wundert man sich erst recht, warum sie so einheitlich ausfällt. Man fragt sich, ob diese Einheitlichkeit nicht Ursachen habe, die mit der Sache selbst nichts oder nur wenig zu tun haben, d.h. eben der Wille einer Gruppe ist, die sich auf jeden Fall und in jeder Frage als eine geschlossene, also als eine Fraktion und Partei zur Wirkung bringen will. Dann aber ist zweierlei gegeben: Eine solche geschlossene Fraktion könnte 1. es niemandem übelnehmen, wenn auch andere Synodalen sich zu einer in etwa formierten Gruppe zusammenschließen, um ihre Meinung und Tendenz wirksam zur Geltung zu bringen, da man ja nicht unterstellen kann, eine von der Gruppe der Bischöfe abweichende Meinung sei von vornherein verkehrt und falsch. Und 2. müßte man doch wünschen, daß sowohl die Fraktion der Bischöfe wie der anderen grundsätzlich legitimen Gruppen so etwas wie ein Grundsatzprogramm konzipieren und deutlich aussagen, damit man bei Einzelentscheidungen wissen kann, nach welchen Grundsätzen sie getroffen werden. Denn offenbar ist zur Begründung solcher Einzelentscheidungen eine Berufung auf den gemeinsamen Glauben, auf die Erklärungen des Zweiten Vatikanums, auf die unmittelbaren Sachgründe einer Einzelentscheidung allein für das Verständnis einer Meinung über eine Einzelfrage nicht ausreichend. Wenn ein einzelner so etwas wie ein solches Grundsatzprogramm entwickelt, dann formuliert er natürlich zunächst nur seine eigene Meinung, zumal wenn er kein Bischof ist. Aber auch eine solche Aussage könnte doch vielleicht die Reflexion bei anderen über die wünschenswerte grundsätzliche Orientierung der Synode bei ihren Einzelentscheidungen fördern, könnte deutlicher machen, aus welchen oft gar nicht wirklich reflektierten grundsätzlichen Haltungen heraus solche Einzelentscheidungen erwachsen.

Es kann nun natürlich hier nicht *meine* Absicht und Aufgabe sein, ein solches Grundkonzept samt den dieses tragenden Vorüberlegungen vorzutragen. Selbst wenn ich eine solche Grundkonzeption der Synode nur als Entwurf vorlegte, würde das meine Kompetenz weit überschreiten. Ja schon der bloße private Versuch eines solchen Entwurfs übersteigt meine Kräfte, meine Erfahrung und die Einsicht in die religiösen und pastoralen Aufgaben der Kirche heute und morgen in Deutschland, weil eine wirklich genügende Einsicht in die geistige und gesellschaftliche Situation von heute, in der und von der her eine solche Grundkonzeption entworfen werden muß, die Fähigkeiten eines einzelnen übersteigt. Ein solches Grundkonzept, das ernsthaft mit einer breiten Mehrheit in der Kirche für eine freie Entscheidung zu diesem Grundkonzept rechnen darf, kann von einem einzelnen gar nicht angeboten werden, außer er habe, was hier nicht der Fall ist, eine große Gruppe von Entscheidungsträgern ausdrücklich oder wenigstens faktisch hinter sich. Dennoch aber meine ich, wenigstens einen bescheidenen Versuch unternehmen zu sollen, einige Vorüberlegungen zu einem solchen Grundkonzept vorzutragen. Wenn ein solcher Versuch von vornherein sinnlos oder überflüssig wäre, wie soll dann ein solches Grundkonzept, mag es beschlossen werden oder ohne rechtliche Eigensanktion bestehen, überhaupt zustande kommen? Man muß den Mut haben, in dieser Sache eine Meinung zu haben und sie auch zu bekennen. Wenn durch die öffentliche Aussprache solcher Überlegungen zu einer Grundkonzeption der Synode latente Meinungsverschiedenheiten manifest werden, wenn sich auf der Synode dann folgerichtig in etwa, wenn auch ohne rechtliche Konturen, „Parteien" bilden, von denen jede sich zu einem anderen Grundkonzept bekennt, verschiedene Grundorientierungen anbietet, dann ist so etwas nicht zu vermeiden, sondern macht nur manifest, was auf jeden Fall, wenn auch nur latent und vielleicht verdrängt, gegeben ist, und darum nur dann sachgerecht und rational sich auswirken kann, wenn es ehrlich eingestanden und in das klare Gesamtbewußtsein der Kirche und der Synode gerückt wird. Wenn somit das, was ich als Vorüberlegungen zu einem solchen Grundkonzept der Synode vortragen möchte, von anderen als eine Art Manifest einer Richtung in der Kirche, einer wenn auch nicht formierten „Partei" auf der Synode gewertet werden sollte, so würde ich diese Qualifikation nicht von vornherein und grundsätzlich ablehnen. Jeder Mensch ist zwar gehalten, in seinen Überlegungen möglichst „objektiv" und „ausgeglichen" zu sein, jeder soll anderen nur solche Verhaltensnormen als zu beschließende anbieten, die man diesen anderen gerechterweise und ernsthaft zumuten kann. Aber kein Mensch kann einfach und schlechthin faktisch unparteiisch sein. Wenn einer so tut, macht er nur den schlechten Versuch, die subjektive Bedingtheit seiner Überlegungen zu verschleiern und sie den anderen als das einfach Selbstverständliche und Indiskutable zu insinuieren. So etwas aber ist falsch und in unserem Falle darum der Sache gar nicht angemessen, weil es sich ja um Überlegungen auf Entscheidungen hin handelt, die unvermeidlich auf Ermessensurteilen basieren und sogar sehr oft unter Möglichkeiten auswählen müssen, die an und für sich für die reflektierende Rationalität allein als gleichberechtigt erscheinen können.

Es sind noch einige weitere Vorbemerkungen diesen beabsichtigten Überlegungen zu einer Grundkonzeption der Synode vorauszuschicken. Diese Überlegungen sind fragmentarisch, sie müssen von den verschiedensten Dingen reden, so daß einer allein gar nicht wirklich Fachmann in all den einzelnen Disziplinen sein kann, die sich mit diesen vielfältigen Wirklichkeiten beschäftigen. Diese Überlegungen können selbstverständlich nicht für sich allein den Abgrund überbrücken, der zwischen theoretischer und praktischer Vernunft unweigerlich gegeben ist. Diese Überlegungen sind keine Prophezeiungen von jemand, der schon zu wissen meint, was auch nur die nächsten Jahrzehnte bringen werden. Wenn manches an diesen Überlegungen anderen utopisch zu sein scheint, dann muß ich sagen, daß auch Utopien große geschichtliche Mächte sein können, daß Utopien das Wetterleuchten heute der Möglichkeiten von morgen sein können und daß ich selbst eher bedauere, daß die Müdigkeit und Resignation meines Alters nicht *mehr* an Utopie zu bieten vermag, als daß ich fürchte, zu wenig auf dem sogenannten Boden der Tatsachen und der realen Möglichkeiten geblieben zu sein.

Was ich hier vortragen möchte, darf wohl passend in drei Teile gegliedert werden, die drei Fragen entsprechen: 1. Wo stehen wir? 2. Was sollen wir tun? 3. Wie kann die Kirche der Zukunft gedacht werden? Zur grundsätzlichen Berechtigung der drei Teile der hier versuchten Überlegung, zum Sinn jeder Frage und der Abfolge der Fragen muß wohl zunächst nichts mehr gesagt werden. Zur Verdeutlichung sei nur bemerkt, daß sich der zweite Teil mit der näheren Zukunft, ihren Aufgaben und Möglichkeiten beschäftigt, der dritte Teil aber den Blick in eine entferntere Zukunft lenkt.

ERSTER TEIL

Wo stehen wir?

1. Situationsanalyse

Die Frage: Wo stehen wir?, zielt auf die geschichtliche und gesellschaftliche Situation, in der die heutige katholische Kirche von ihrer Umwelt her steht, in der sie leben und ihre Sendung erfüllen muß, von der her und auf die hin sie ihre Entscheidungen treffen muß. Wenn all das, was die Synode zu fragen, zu beraten und zu entscheiden hat, eine pastorale und somit auch pastoraltheologische Materie ist, wenn nur das Wort „Pastoraltheologie" genau und umfassend genug verstanden wird, dann ist vom Wesen der Pastoraltheologie her klar, daß eine solche theologische Situationsanalyse ausdrücklich oder stillschweigend der Ausgangspunkt der Überlegungen der Synode sein muß. Denn eine Pastoraltheologie bleibt nur dann nicht in einer essentialen Dogmatik und essentialen Moraltheologie und in den aus diesen beiden Disziplinen unmittelbar erfließenden allgemeinen Prinzipien stecken, wenn sie ihre eigenen Aussagen und Entscheidungen unter Voraussetzung aller essentialen theologischen Disziplinen und unter deren Geltendmachung aus einem theologisch reflektierten Wissen um die Situation der Kirche geschichtlicher und gesellschaftlicher Art gewinnt, in der heute und hier die Kirche lebt und leben muß. Ohne eine solche Situationsanalyse, die der Theologe von seinen eigenen Prinzipien her erstellen und nicht den profanen Geschichts- und Gesellschaftswissenschaften allein überlassen darf (sosehr er deren Ergebnisse respektieren und in seine eigenen Überlegungen einbringen muß), wäre eine Pastoraltheologie ein bloßes Stück Dogmatik und Moraltheologie und dazu noch ein Sammelsurium von billigen Rezepten für die sogenannte Praxis aus der unkritisch hingenommenen sogenannten „Erfahrung" derer, die eine solche „Pastoraltheologie" zusammenschustern. Dasselbe gilt dann aber auch von einer pastoral und darum notwendig auch pastoraltheologisch ausgerichteten Synode. Auch sie darf nicht einfach voraussetzen, jedermann und besonders Pfarrer und Bischöfe wüßten schon immer von selbst aus ihrer Erfahrung, in der man meist nur sich selber bestätigt findet, in welcher Situation die Kirche heute lebt, in der und auf die hin sie ihre Sendung durchführen muß. Man muß nur einmal etwas kritisch zuhören, wie vor allem Kirchenmänner, Bischöfe und Pfarrer diese Situation schildern, wenn sie dies so aus dem Handgelenk heraus unternehmen. Eine solche Schilderung setzt sich dann meist (Ausnahmen gerne zugegeben) aus zwei Teilen zusammen: die Schilderung einer Situation, die von diesen Männern großartig bestanden wird, in der sie genau das und mit Erfolg tun, was von ihnen verlangt wird, und die Schilderung einer Welt, in der Glaube und Moral immer mehr abnehmen und gegen die man nichts oder wenig ausrichtet. Die Welt, die wirkliche Welt *dazwischen* fehlt meistens in einer solchen Schilderung, die aus der unreflektierten Erfahrung stammt: die Welt, die Aufgaben stellt, die die Männer der Kirche noch nicht erfüllen, die wirklich neu sind und durchaus Chancen ihrer Bewältigung anbieten. Weil man *diese* Welt nicht deutlich sieht, wird das eigene Bewußtsein der konkreten Kirche sehr oft eine seltsame Mischung aus einem bockigen Konservativismus (man weiß ja, was man zu tun hat, und tut es auch sehr gut) und einer uneingestandenen Verzweiflung (in einer Welt, die durch ihre eigene Entwicklung immer weniger einen Boden für ein echtes Christentum bietet, geht es mit dem Christentum und der Kirche immer mehr bergab, ohne daß man recht weiß, wie Gott solche für das Christentum unfruchtbaren Zeiten, die gar kein Ende absehen lassen, zulassen könne, so daß man also – auch das ist verdrängt und uneingestanden da – nur noch verbissen weitermachen könne, weil man doch nicht „aussteigen" könne und das Ende glücklicherweise doch noch nicht zu den eigenen Lebenszeiten erwartet werden müsse). Eine theologisch durchreflektierte Situationsanalyse gehört an den Anfang einer Synode, gleichgültig, ob sie diese sich selber erarbeitet oder als anderswo (wo?) schon durchgeführt voraussetzt.

Es wäre natürlich ein absurdes Unterfangen, wenn hier versucht würde, aus eigenem Wissen und eigener Vollmacht eine solche theologische Situationsanalyse zu erstellen oder auch nur (weil schon vorhanden) vorzutragen. Aber einige Bemerkungen zu diesem Thema sollen doch gewagt werden. Es ist mir dabei gleichgültig, wenn dann die Geistesgeschichtler, die Soziologen und Politologen, die Religionssoziologen mitleidig oder erbost auf Inkompetenz und Unwissenheit bei mir erkennen oder andere ebenso herablassend feststellen, alles, was hier gesagt werde, sei doch schon längst bekannt und anderswo schon besser gesagt. Es kommt mir bei diesen Überlegungen zur Frage: Wo steht heute die deutsche Kirche, welches ist ihre Situation? auch nicht darauf an, ganz genau die reine Deskription der Situation und gewisse pastorale und pastoraltheologische Konsequenzen zu unterscheiden, die unmittelbar aus einer solchen Deskription erfließen und die beschriebene Situation erst eigentlich erhellen und darum auch schon hier gestreift werden dürfen.

Einige allbekannte Eigentümlichkeiten dieser Situation von allgemeiner und nicht schon religionssoziologischer Art allein seien zunächst summarisch aufgezählt, auch wenn sie hier theologisch nicht völlig durchreflektiert werden können. Wir leben in einer Welt, in der die früher mehr oder weniger kulturell, gesellschaftlich und politisch getrennten Geschichtsräume zu einer Einheit zusammengewachsen sind oder am Zusammenwachsen sind, so daß, wenn auch noch in verschiedenem Maße verwirklicht, jeder der Nachbar aller geworden ist und darum auch die „Außenpolitik" einer „Regionalkirche" und ihre „Innenpolitik" so sehr sich gegenseitig, auch pflichtgemäß, bedingen, daß sie kaum noch voneinander unterschieden werden können. Wir leben in einer Welt, in der das allgemeine Bewußtsein der Gesellschaft und jedes einzelnen grundlegend durch die Wissenschaften, also durch die alle geschichtlichen Wirklichkeiten trotz aller ihrer idiographischen Aufgabe relativierenden Geschichtswissenschaften, durch die autonomen, exakten und funktionalen Naturwissenschaften und durch die ebenso fast naturwissenschaftlich denkenden, empirischen Gesellschaftswissenschaften, tiefgreifend geprägt ist. Das „metaphysische" und religiöse Bewußtsein des Menschen kann nur dann unbefangen existieren und eine Chance der Zukunft haben, wenn es eine unbefangene Symbiose mit diesem wissenschaftlichen Bewußtsein mit seiner skeptischen Rationalität eingeht und nicht dort Gott ansiedelt, wo ihn der Wissenschaftler mit seinen Methoden finden müßte und nicht finden kann.

Wir leben in einer Zeit der Massengesellschaft, deren Autoritäten nur funktional verstanden werden, in der in einer merkwürdigen Gleichzeitigkeit Freiheit und Sozialität Schlüsselbegriffe geworden sind und sich gegenseitig zugleich bedrohen und begründen. Wir leben in einer Welt, in der der Mensch in den verschiedensten Dimensionen das Objekt seiner eigenen Machbarkeit und Veränderung geworden ist, so daß er sich kaum noch als ein fertiges Ebenbild Gottes verstehen mag, sondern eher als *den* Punkt des Kosmos, an dem dessen Fahrt in utopischen Entwürfen ins gänzlich Unbestimmte zu gehen anfängt. Wir leben in einer Welt, in der die Tiefenpsychologie Abgründe im Menschen entdeckt, die sie einerseits nicht durch einen Appell an eine rationale Freiheit des Subjekts, sondern durch eine naturwissenschaftlich konzipierte Psychotechnik zu beherrschen sucht und die doch anderseits den Menschen in die anonymen Mächte seiner biologischen und gesellschaftlichen Herkunft aufzulösen unternimmt. Wir leben in einer Welt, die eine Gesellschaft der steuernden Massenmedien ist, von denen niemand mehr genau wissen kann, wer sie selber steuert. Wir leben in einer Welt, in der die Vorstellungsmodelle, unter denen der Mensch sein eigenes Wesen versteht, mobil und plural geworden sind, so daß in keinem einzelnen Kulturraum mehr ein von allen und öffentlich angenommenes Idealbild gegeben ist, auf das hin der einzelne Mensch bei gutem Willen sich wie selbstverständlich entwickeln kann. Wir leben schließlich in einer Welt, deren Gesellschaft pluralistisch ist, d.h., in der auch in den einzelnen geschichtlichen Räumen keine Gesellschaft mehr existiert, die gemeinsame und konkrete Leitbilder für alle Gruppen der Gesellschaft bereithält.

Wenn wir von daher die religionssoziologische Situation der Kirche nach der bisherigen summarischen Kennzeichnung unserer Situation beschreiben wollen, so ist wohl folgendes zu sagen: Es gibt noch beträchtliche Restbestände eines auch gesellschaftlich verfaßten und teilweise auch öffentliche Geltung in der Gesellschaft besitzenden traditionellen Christentums, das früher als gesellschaftliche Selbstverständlichkeit vorgegeben war und darum vom einzelnen nur in einem privat bleibenden Unglauben oder durch den gefährlichen Protest gegen die homogene öffentliche Meinung der Gesellschaft abgelehnt werden konnte. Solche Restbestände eines in diesem Sinne traditionellen und gesellschaftlich verfaßten Christentums gibt es gewiß noch, und wir brauchen uns derer nicht zu schämen und haben auch nicht von vornherein und grundsätzlich aus irgendwelchen formaldemokratischen Prinzipien heraus die Pflicht, sie selber abzubauen. Aber es sind *Rest*bestände, und diese Restbestände sind getragen von jenen Restbeständen einer profanen geschichtlichen Periode, die noch in unsere Gegenwart hineinragen und auch darin noch teilweise wirksam sind. Diese frühere Gesellschaft war nämlich auch in ihrer profanen Kultur homogen, hierarchisch strukturiert, hatte eine gemeinsame öffentliche Meinung, die der individuellen Lebensentscheidung und -gestaltung in einer viel eindeutigeren Weise vorgegeben war, als dies heute der Fall ist. Wichtig ist es darum, deutlich zu sehen, daß die frühere homogene Christlichkeit der Gesellschaft als solcher das Ergebnis und ein Moment an der Einheit und Homogenität der profanen Gesellschaft war, wobei es hier für uns nicht notwendig ist zu untersuchen, welches die Gründe und die Momente dieser profanen gesellschaftlichen Homogenität waren. Die homogene Christlichkeit unseres Abendlandes durch ein Jahrtausend hindurch war nicht die Wirkung eines Gnadenwunders Gottes, das gegenüber den innerweltlichen Ursachen und Momenten einer profan-homogenen Kultur und Gesellschaft äußerlich und zusätzlich war, war auch nicht eigentlich konstituiert durch die freie Glaubensentscheidung aller einzelnen, die in dieselbe Richtung ging, dann aber nur noch als mirakulös verstanden werden könnte; die homogene Christlichkeit der früheren Kultur und Gesellschaft war einfach ein Stück der Homogenität der Kultur und Gesellschaft profaner Art. Diese kann für die Menschen jener vergehenden und großenteils schon vergangenen Zeit theologisch durchaus als Gnade interpretiert werden, durch die Gott den Menschen die auch für sie notwendige Glaubensentscheidung in einer bestimmten Weise situierte, aber nicht abnahm. Aber diese Gnade haben wir, insofern wir aus der Eigentümlichkeit unserer eigenen Zeit heraus leben und unsere Glaubensentscheidung treffen und nicht bloß aus den noch wirksamen Restbeständen einer vergangenen Zeit in unserer Gegenwart leben und handeln, ganz gewiß nicht mehr. *Wir* können mit dieser „Gnade" für heute und für jede absehbare Zukunft nicht rechnen und brauchen es auch nicht zu tun. Die „Gnade" einer homogenen christlichen Gesellschaft, die schon von sich aus für alle eindringlich christliche Verhaltensmuster bereitstellt und in dieser Hinsicht die christliche Glaubensentscheidung vorspurt und in einer gewissen Weise erleichtert, ist uns versagt. Wir brauchen dieser äußeren, (theologisch gesprochen) „medizinellen“ Glaubensgnade nicht nachzutrauern, weil sie uns immer mehr mit dem Schwinden einer profan-homogenen Kultur und Gesellschaft entzogen wird. Denn sie stand auch mindestens in einem gewissen Sinne in einem Gegensatz zum letzten Wesen des Glaubens, weil dieser nun einmal eine Entscheidung für Gott und seinen Anruf bedeutet, die letztlich doch immer auch in einem kritischen Abstand von der „Welt“, also auch von einem durchschnittlichen Meinen und Sichverhalten der gesellschaftlichen Umgebung des Menschen getroffen werden muß.

Die Situation der Christen von heute und somit der Kirche ist darum die Situation eines Übergangs von einer der früheren homogenen profanen Gesellschaft und Kultur korrespondierenden Volkskirche zu einer Kirche als derjenigen Gemeinschaft der Glaubenden, die sich in einem je persönlichen, freien Glaubensentschluß auch kritisch absetzen von dem durchschnittlichen Meinen und Empfinden ihrer gesellschaftlichen Umwelt und die auch den eigentlich theologischen Glauben vielleicht gerade in und durch ein kritisches Verhältnis zu ihrer Gesellschaft und zu deren beherrschenden Mächten finden und eigentümlich prägen. Dagegen hilft kein ängstliches Festhalten an den genannten Restbeständen einer homogenen profanen und christlichen Gesellschaft von früher, hilft kein Rückgang des missionarischen Tuns der Kirche auf die sogenannte „kleine Herde“, die von diesen Restbeständen her noch gegeben ist und somit immer noch für die Kirche eine, wenn auch immer weiter schrumpfende, Möglichkeit bietet, im alten Stil weiterzumachen, bis auch die letzten kleinbürgerlichen und bäuerlichen Oasen aus diesen Restbeständen einer zu Ende gehenden geschichtlichen Epoche mehr oder weniger ganz verschwunden sein werden. Es ist natürlich damit nicht verboten, sondern sogar geboten, mit aller Anstrengung dasjenige an solchen Restbeständen, was noch da ist und noch erhalten werden kann, vor einem zu schnellen Verfall zu bewahren; es bleibt natürlich immer eine Aufgabe der Kirche, das ewig Bleibende, das sich bisher in diesen untergehenden Wirklichkeiten einer profanen und religiösen Kultur und Gesellschaft echt dargestellt hat, in eine neue Gestalt hinüberzuführen, die der Gegenwart und Zukunft angemessener ist als die nun langsam, aber unausweichlich zerbröckelnde, und so dieses Bleibende der kommenden Zeit echt und wirksam zu überliefern.

All das aber ändert nichts an der Tatsache, daß unsere heutige Situation die eines Übergangs von einer Kirche, die durch eine homogen christliche Gesellschaft getragen und mit ihr fast identisch war, von einer Volkskirche, zu einer Kirche ist, die gebildet wird durch solche, die im Widerspruch zu ihrer Umgebung zu einer persönlich deutlich und reflex verantworteten Glaubensentscheidung sich durchgerungen haben. Eine solche Kirche wird die Kirche der Zukunft sein, oder sie würde nicht mehr sein. Da wir aber an die Bleibendheit der Kirche in der Welt und Geschichte glauben und diese Bleibendheit auch für die Geschichte *unseres* Volkes erhoffen und doch eine möglichst große Zahl von Gliedern der Kirche anzustreben haben, also nicht unsere Hoffnung bequem auf ein kleines Häuflein, Kirche genannt, im Windschatten der Geschichte und Gesellschaft unser Vertrauen setzen dürfen, darum ist die klare, unverblümte und mutige Annahme dieser Situation eine Grundfrage an die heutige Kirche und an die Synode. Was sich daraus für das Selbstverständnis der deutschen Kirche an konkreteren Konsequenzen ergibt, muß später ausführlicher bedacht werden. Hier ist zunächst die Situation selber deutlich festzustellen. Der oft beklagte Schwund an Christlichkeit und Glaube ist keine Tat und Wirkung von finsteren Mächten, sondern zunächst einmal gar nicht ein Schwund an wirklich absolut notwendigem und heilschaffendem Glauben (ob und wieweit ein solcher gegeben ist, können wir gar nicht wissen), sondern ein Schwund der Voraussetzungen jener ganz bestimmten, mit dem Wesen des Glaubens und Christentums gar nicht identischen Art von Glaube und Christentum, die mit jenen gesellschaftlichen Verhältnissen gegeben war, die heute nun einmal am Untergehen sind und vom christlichen Glauben gar nicht als bleibend postuliert werden können, weil sie gar nicht die notwendige Voraussetzung eines wahren und kirchlichen Christentums sind.

Man könnte diese Übergangssituation genauer beschreiben, als es hier möglich ist. Es wären in die Charakterisierung dieser Situation alle jene Eigentümlichkeiten einzutragen, die wir zuerst summarisch aufgezählt haben. Es wäre dann noch einmal zu sagen, daß das Christentum und die Kirche heute und erst recht morgen in einer Situation leben, in der das allgemeine und öffentliche, von den empirischen Wissenschaften und deren Methoden geprägte Bewußtsein keine Welt kennt, in der Gott als eine einzelne Wirklichkeit unter anderen vorkommt, die in einem ganz bestimmten, Glaube und Gottesbeziehung zwar nicht wirklich ausschließenden, Sinne a-theistisch ist. Es wäre zu sagen, daß diese Situation allen religiösen Institutionalitäten einen selbstverständlichen, tabu-artigen Nimbus des Sakralen verwehrt, dem gegenüber Widerspruch und Gleichgültigkeit von vornherein als verwerflich oder als gesellschaftlich ungebührlich erscheinen müßten. Es wäre deutlicher zu machen, daß diese Situation entweder auf die Dauer eine A-Religiosität heraufführt, die gar nicht mehr vor der Alternative: Glaube oder Unglaube steht, oder im einzelnen und in der kirchlichen Gesellschaft eine stets neue Bildung des Glaubens aus seinen letzten Gründen heraus verlangt, der sich nicht mehr auf seine schon vorgegebenen und gesellschaftlich rezipierten Objektivationen stützen kann und darum vielen solchen sekundären Objektivationen theologischer, ritueller, kircheninstitutioneller Art in etwa gleichgültiger gegenübersteht als in jenen Zeiten, in denen solche Objektivationen in der Gesellschaft eine unbestrittene Geltung hatten. Es wäre diese Situation dahin zu kennzeichnen, daß personale und gegenständliche Autoritäten (Amt, Amtsträger, Schrift, christlich-kirchliche Begehungen besonderer Lebensereignisse durch Kindertaufe, Erstkommunion, christliches Begräbnis usw.) nur dann sich noch Geltung verschaffen können, wenn sie einerseits von der letzten Lebens- und Gotteserfahrung her immer neu begründet werden und sie sich gleichzeitig für den Alltagsmenschen in einer empirisch greifbaren und wirklich verständlichen Wiese segensreich auswirken.

Wir leben auch in einer Situation, in der wegen der Kenntnis der allgemeinen Religionsgeschichte die geschichtliche Offenbarung als Begründung des Glaubens nicht mehr so leicht als regional und zeitlich begrenztes Ereignis in der Geschichte verstanden werden kann, wie dies früher unbefangen und naiv möglich war. Diese Situation der Kirche und des Glaubens aber mag früher als Situation besonderer einzelner schon gegeben gewesen sein, heute ist sie, zwar in verschiedener Weise und verschieden intensiv sich auswirkender Art allgemein, eine Situation der Gesellschaft als solcher geworden, die jeden einzelnen mitbestimmt.

Die Kennzeichnung der Situation der deutschen Kirche könnte gewiß nach vielen Richtungen hin ergänzt und vertieft werden. Aber sie scheint mir auch so schon bedeutsam genug zu sein. Die eigentlichen Konsequenzen aus dieser Situation des Übergangs müssen später genauer bedacht werden. Nur damit diese skizzenhafte Kennzeichnung unserer Situation nicht zu selbstverständlich oder zu unfruchtbar erscheint, möge schon hier folgendes gesagt werden: im allgemeinen muß man wohl sagen, daß das Amt in unserer Kirche und die guten eifrigen Christen in ihr diese Situation des Übergangs nicht in einem genügenden Maße wahrhaben wollen. Die Grundtendenz bei uns ist doch die Verteidigung des Überkommenen, nicht die Vorsorge für eine Situation, die am Kommen ist. Man sagt zwar oft, daß es die dem Amt in erster Linie zukommende Funktion sei, das Bestehende konservativ zu verteidigen und das Kommende, das schöpferisch zu gestaltende Neue eher anderen Kräften in der Kirche zu überlassen. Das mag als Schilderung des Faktischen richtig sein. Die Träger des Amtes, die selbstverständlich auch begrenzte und sündige Menschen sind und dies in ihre Amtsführung einfließen zu lassen gar nicht vermeiden können, werden nur zu leicht das Bestehende verteidigen, weil sie darin auch sich selbst rechtfertigen und verteidigen. Aber die Träger des Amtes in der Kirche haben doch auch als solche neben einer berechtigten Funktion konservativer Verteidigung des Überkommenen mindestens ebensosehr das Recht und die heilige Pflicht, Vorsorge dafür zu treffen, daß die Kirche in einer kommenden Situation bestehen kann. Nehmen diese Träger des Amtes und die sich mit diesen nur allzu leicht identifizierenden frommen Christen diese ebenso wichtige, wenn nicht viel wichtigere Aufgabe der Vorsorge genügend wahr? Fragen sie nicht fast instinktiv zuerst, wenn etwas Neues vorgeschlagen und gefordert wird, ob und wie dieses mit der bisherigen Übung und Überlieferung vereinbar sei? Kommt bei ihnen die mindestens ebenso dringliche Frage, ob das Neue nicht von der im Kommen seienden Situation gefordert oder darin selbstverständlich werde, nicht sehr oft viel zu spät oder viel zu lau hoch? Wenn man sich die Situation vorstellt, wie sie wohl in zehn Jahren oder noch früher sein wird, wird man dann nicht froh sein, wenn die sogenannten Laien in einem

Gottesdienst noch da sind und das Wort ergreifen? Muß man also das Problem der „Laienpredigt“ mit so viel Wenn und Aber, mit so viel letztlich für die kommende Situation überflüssigen theologischen Bedenken behandeln? Gilt nicht ähnliches für die Frage der rechtlichen Strukturen einer Pfarrgemeinde und einer Diözese? Wird es nicht bald so sein, daß jeder Bischof und jeder Pfarrer froh sein werden um jedes Stückchen Mitverantwortung, das die Laien auf sich nehmen wollen? Wenn wir die Orthodoxie einer neuen Aussage des christlichen Glaubens prüfen, denken wir genauso schnell und intensiv dabei an die Frage, wie der christliche Glaube, wenn er einmal nicht mehr durch gesellschaftliche Vorgegebenheiten abgestützt sein wird, verkündigt werden muß? Ist für uns bei solchen Fragen der Orthodoxie das Gewohnte nicht zu oft und zu schnell das Einsichtige und Orthodoxe? Würde der Schein solcher problematischen Selbstverständlichkeiten nicht oft entschwinden, wenn wir uns in die Situation der Christen von morgen, die es schon heute in genügender Zahl gibt, versetzen würden? Ich bin gespannt darauf, wie der Großteil der Bischöfe und der übrigen Synodalen reagieren wird, wenn auf der Synode vielleicht doch schüchterne Versuche gemacht werden, den alten Glauben und die alte Hoffnung in einer Weise zu formulieren, in der diese auch morgen ankommen können. – In einer solchen Übergangssituation aus einer Volkskirche in eine Kirche der deutlich durch eigenen Entschluß Glaubenden ist es natürlich immer so, daß das Hergebrachte durch seine Gewohnheit und seine Bewährung in früheren Zeiten (aber genaugenommen doch nur in diesen!) leichter zu überzeugen scheint als das noch unerprobte Neue. Wenn wir aber wirklich ehrlich zugeben, daß wir uns in der Periode eines solchen Übergangs befinden, wenn wir davon überzeugt sind, daß das bleibensollende Alte nur dann als Wirklichkeit über ein bloßes Postulat hinaus sich retten kann, wenn es eingeht in einen entschlossenen Willen, eine neue Situation zu bestehen, müßten dann wir und vor allem das Amt nicht mehr an die Zukunft denn an die Gegenwart und Vergangenheit denken und uns selbstkritisch wehren gegen einen sehr problematischen Konservativismus, der dann wieder virulent wird, wenn die Euphorie des Zweiten Vatikanums vergangen ist und nun ein Alltag beginnt, in dem ernst gemacht werden muß und manches Durcheinander gar nicht vermieden werden kann?

Weil wir bei der Beantwortung unserer zweiten und dritten Frage immer wieder auf diese Situation zurückgreifen müssen, darf wohl in Beantwortung unserer ersten Frage die Kennzeichnung dieser unserer Situation genügen, obwohl diese Kennzeichnung nur sehr primitiv und nur in einer sehr problematischen Auswahl des ausdrücklich Gesagten geschehen ist.

2. Kirche der kleinen Herde

Bei der Beantwortung der Frage: Wo stehen wir?, kann es sich nicht bloß um eine Analyse der Situation handeln, in der die deutsche Kirche sich befindet, es muß auch einiges über sie selbst gesagt werden.

Bei dem Versuch einer Beantwortung dieser weiteren Frage ist es natürlich nicht unsere Aufgabe, den dogmatischen Traktat einer Ekklesiologie vorzutragen, in dem alles, was von der Kirche überhaupt theologisch zu sagen ist, von der deutschen Kirche gesagt wird, weil in ihr wie in jeder Regionalkirche die Kirche überhaupt präsent und zum geschichtlichen Ereignis wird. Eine solche traditionelle Ekklesiologie wird hier als bekannt und gültig vorausgesetzt.

Wir sind uns dabei der Problematik eines solchen Vorgehens durchaus bewußt, bei dem die letzten, grundlegenden Aussagen über die Kirche als schon vorausgesetzt übergangen werden. Nur wenn, was konkret und praktisch gar nicht so selbstverständlich ist, diese grundlegende Ekklesiologie wirklich vorausgesetzt werden kann, können die Ausführungen, die gemacht werden, richtig verstanden und in ihrem wahren Stellenwert gewürdigt werden, der gar nicht notwendig erstrangig zu sein braucht.

Wir haben also hier von der deutschen Kirche nur insofern zu sprechen, als sie durch die kurz skizzierte Situation, in der sie lebt, mitbestimmt ist.

Wir sind der Beginn der kleinen Herde. Ich sage: der Beginn, weil ich davon überzeugt bin, ohne dadurch in meinem Glauben eigentlich und zutiefst angefochten zu werden, daß die deutsche Kirche an Zahl, wenigstens an relativer Zahl gegenüber der Gesamtbevölkerung, und an gesellschaftlicher Macht in den nächsten Jahrzehnten noch ganz erheblich zurückgehen wird. Der christliche und kirchlich institutionalisierte Glaube wird noch sehr erheblich abnehmen, auch wenn damit noch längst kein eindeutiges Urteil darüber möglich ist, ob *der* Glaube und *der* Unglaube, die *letztlich* über das endgültige Heil eines Menschen entscheiden, in ihrem Verhältnis zueinander in unserer Zeit und Zukunft eine große Verschiebung erfahren.

Wenn wir aber sagen, wir sind heute der Beginn der kleinen Herde, dann ist zunächst ein Mißverständnis eines solchen Satzes abzuwehren. „Kleine Herde“ bedeutet nicht dasselbe wie

Getto und Sekte, weil diese beiden nicht durch die Zahl der Menschen, sondern durch eine Mentalität konstituiert werden, die auch in Zukunft und noch weniger als heute die Mentalität der Kirche werden darf, gleichgültig wie groß oder klein an Zahl die deutsche Kirche sein und werden wird. Wo Sekten- und Gettomentalität bei uns – natürlich nicht unter dieser Etikettisierung, aber faktisch – propagiert wird unter dem Vorwand, wir seien oder würden eben die kleine Herde Christi, die sich zur Torheit des Glaubens und des Kreuzes zu bekennen habe, ist eine solche Sekten- und Gettomentalität aufs schärfste im Namen des wahren Glaubens und des echten Christentums zu bekämpfen. Wenn man in einem bequemen Traditionalismus und einer langweiligen Pseudoorthodoxie, die sich vor der Mentalität des heutigen Menschen und der modernen Gesellschaft fürchten, sich auf die „kleine Herde" beruft, wenn man uneingestanden gar nichts dagegen hat, daß die unruhig fragenden Menschen aus der Kirche auswandern, weil dann wieder Ruhe und Ordnung einziehen können und alles in der Kirche wieder so wie früher wird, propagiert man nicht die Haltung, die der kleinen Herde Christi konform ist, sondern eine kleinhäuslerische Sektenmentalität. Diese ist um so gefährlicher, weil sie nicht unter ihrem wahren Namen, sondern mit Berufung auf Orthodoxie, Kirchlichkeit und strenge Moral auftritt. Je kleiner die Herde Christi im Pluralismus der heutigen Gesellschaft wird, um so weniger darf sie sich eine Mentalität des Gettos und der Sekte leisten, um so offener muß sie nach außen sein, um so genauer und mutiger muß sie sich im jeweils gegebenen Fall fragen, wo wirklich die Grenzen liegen, die die Kirche und eine ungläubige Welt voneinander trennen. Sie liegen gewiß nicht dort, wo ein letztlich doch bequemer Traditionalismus auf den verschiedensten Gebieten der Kirche sie haben will.

Das alles vorausgesetzt und ernst genommen, ist aber doch zu sagen, daß nach menschlichem Ermessen die Kirche in Deutschland zahlenmäßig kleiner werden wird, besonders relativ zur Gesamtzahl der Bevölkerung. Diese Aussicht, die man sich unbefangen und mutig eingestehen muß, bezieht sich nicht nur auf die Zahl der sogenannten „Praktikanten", die wirklich am kirchlichen Leben teilnehmen. Wir müssen auch, so unangenehm das uns scheinen mag, damit rechnen, daß die gesellschaftlichen Verhältnisse sich über kurz oder lang so gestalten können (wie immer dafür die Ursachen sind), daß es auch nicht mehr zur bürgerlichen Wohlanständigkeit und Normalität gehört, Taufscheinchrist zu sein, Kirchensteuern zu bezahlen und seine Kinder in einen konfessionell religiösen Unterricht zu schicken, Hochzeit und Begräbnis religiös zu verbrämen, daß es gesellschaftlich bald nicht mehr deplaziert oder schädlich sein wird, standesamtlich aus der Kirche auszutreten. Selbst wenn die Ursachen für eine solche Entwicklung in näherer Zukunft nicht in sehr greifbaren politischen Umwälzungen liegen müssen, so gibt es auch in unserer heutigen Gesellschaft genug Ursachen, die langsam und unauffällig zu einer solchen Situation hinführen, so daß es dann nur eines, vielleicht in sich betrachtet, unbedeutenden Anlasses bedarf, um einen raschen und zahlenmäßig sehr großen Abfall von der Kirche auszulösen. Jedenfalls können wir nicht noch für eine lange Zukunft damit rechnen, daß der Kern der kirchlich Praktizierenden von einer vielfachen Anzahl von solchen umgeben und gewissermaßen abgesichert ist, die standesamtlich noch Christen zu nennen sind und uns das falsche Vertrauen geben, auch heute noch von einer christlichen Gesellschaft zu sprechen. Diese Gesellschaft gibt es nicht mehr, so fließend auch die Übergänge zwischen den wirklichen Christen und den Namenschristen sein mögen, so viele Chancen für eine verhältnismäßig leichte Rückgewinnung solcher Namenschristen durch die heutige Situation noch gegeben sein mögen, so groß bei Mut und Selbstvertrauen die Chance auch noch sein mag, daß die Kirche in Deutschland auch in Zukunft eine relativ große Zahl von wirklichen Christen durch ihre traditionellen Mittel der Glaubensweitergabe noch bewahrt oder durch neue missionarische Methoden neu gewinnt. Wir sind in der Gesellschaft eine kleine Herde, und wir werden eine noch kleinere Herde werden, weil die Erosion der Voraussetzungen einer christlichen Gesellschaft in der profanen Gesellschaft noch weitergeht und so einem Traditionschristentum immer mehr den Boden entzieht.

Die eigentliche Frage, die sich daraus ergibt, geht dahin: Was muß die Kirche angesichts dieser Situation und der weiteren vorauszusehenden Entwicklung tun? Sicher ist kein Grund vorhanden für ein bigottes und pharisäisches Jammern über die Glaubenslosigkeit der Welt oder für eine verzweifelte Erwartung, daß bald der Jüngste Tag anbricht. Grund aber ist gegeben, sich zu fragen, wo und wie die Kirche in ihrem faktischen

Leben und Handeln selber Ursache des Rückgangs eines explizit kirchlichen Christentums war und noch ist: Durch eine altmodische Theologie und Verkündigung, durch einen Lebensstil bei Amtsträgern und sonstigen Christen, der das Christentum als eine geschichtlich überholte Wirklichkeit erscheinen läßt, und so fort. Über diese Dinge muß in anderen Zusammenhängen vieles gesagt werden, so daß es im Augenblick bei diesem allgemeinen Hinweis sein Bewenden haben kann.

Aber eine ganz grundsätzliche und grundlegende Konsequenz aus dieser Situation der Kirche als der kleiner werdenden Herde ist hier deutlich anzumelden: Die Kirche muß in ihrer Verkündigung und in ihrem Leben in allen Situationen den Schwerpunkt auf eine offensive Haltung für die Gewinnung neuer Christen aus einem „unchristlichen" Milieu legen und nicht auf eine defensive Verteidigung ihres traditionellen Bestandes. Dieses Prinzip scheint mir an sich klar und verständlich zu sein, wenn man nur bedenkt, daß die wirklichen Ursachen des traditionell homogenen Christentums in der Gesellschaft gar nicht in der Macht der Kirche, in der Gnade und dem guten Willen der Menschen liegen, sondern profaner Art sind, so daß auch die Restbestände eines solchen Traditionschristentums nicht durch Mittel gerettet werden können, die unmittelbar in der Verfügung der Kirche liegen und durch einen Appell an Glaubensmut und missionarischen Eifer aktiviert werden können. Wenn man einwenden wollte, daß auch in früheren Zeiten Glaube und christliches Leben nicht einfach durch das bloße Existieren einer profanen homogenen Gesellschaft und ihre Macht auf den einzelnen hin, sondern durch Glaubenseinsatz, Verkündigung, überzeugendes echtes Lebensbeispiel weitergegeben wurden, so ist darauf zu antworten: das alles ist selbstverständlich richtig und wichtig, beweist aber, recht verstanden, gerade das, was eben als grundlegendes Prinzip der Missionsstrategie der Kirche formuliert wurde. Denn wenn Glaubensmut, lebendige Verkündigung und echt christliches Lebensbeispiel Christen schaffen können, dann müssen sie, wenn diese Ursachen richtig, d. h. situationsgerecht gestaltet und eingesetzt werden, auch *neue* Christen aus einem unchristlichen Milieu heraus wecken können. Wer dies ausdrücklich oder auch nur verhohlen in der Praxis leugnet, der sagt eigentlich, daß die bisherige Weitergabe des Christentums in den letzten Jahrhunderten ein profan geschichtliches und profan soziologisches

Phänomen war und sonst nichts. Die Möglichkeit also, aus einem unchristlich gewordenen Milieu neue Christen zu gewinnen, ist der einzig lebendige und überzeugende Beweis dafür, daß das Christentum auch heute noch eine wirkliche Zukunftschance hat. Das bloß defensive Bewahrenwollen der Restbestände eines traditionellen Christentums müßte unvermeidlich uns die wahren Ursachen eines vermeidbaren Rückgangs des Christentums bei uns selbst verschleiern, weil wir dann einfach im alten Stil weitermachen würden, da dieser Stil ja zu dem alten, zu bewahrenden Christentum paßt und wir also gar nicht gezwungen würden, uns bei unserer missionarischen Aufgabe etwas Neues einfallen zu lassen.

Es bleibt dabei: Ein neu aus dem sogenannten Neuheidentum gewonnener Christ bedeutet mehr, als wenn wir zehn „Altchristen" noch halten. Die missionarische Offensive, auch wenn sie zahlenmäßig scheinbar nur geringe Ergebnisse erzielt, auch wenn sie vielleicht zunächst einmal nur aus diesen sogenannten „Neuheiden" an Christentum und Kirche Interessierte macht, ist die einzig auf die Dauer Erfolg verheißende Defensive zur Bewahrung des alten Restbestandes aus der Vergangenheit des abendländischen Christentums. Nur so kann auch den Menschen in diesem Restbestand das lähmende Gefühl genommen werden, sie gehörten zu einer gesellschaftlichen Gruppe, die zum Aussterben verurteilt ist. Man appelliere an diesem Punkt nicht zu rasch an den Glaubensmut, der gegen alle Wahrscheinlichkeit profaner Art in heiligem, von oben inspiriertem Trotz glaubt. Wenn dies die einzige Auskunft wäre, wie könnte dann das Erste Vatikanische Konzil Größe und Fruchtbarkeit der Kirche in der Geschichte als Glaubwürdigkeitsmotiv würdigen? Das ausgesprochene Prinzip, das sich aus Gegenwart und Zukunft der kleinen Herde ergibt, für eine offensive Einstellung gegenüber dem sogenannten Neuheidentum im Unterschied zu einem bloß defensiven Bewahren erhält erst seine Schärfe und sein Gewicht, wenn es zusammengelesen wird mit der nüchternen Einsicht, daß die missionarischen Kräfte der Kirche in allen Elementen dieser Kräfte endlich und sehr begrenzt sind. Wenn man diese Einsicht nicht einkalkuliert, wird jeder, der dieses genannte Prinzip missionarischer Strategie hört, salbungsvoll sagen: ja, natürlich, man muß das eine tun und das andere nicht lassen. Kalkuliert man aber die Begrenztheit missionarischer Kräfte ein, dann bedeutet dieses genannte Prinzip, daß man selbstverständlich zwar nicht alles, aber doch sehr vieles an bewahrender Defensive lassen muß, wenn man das andere, eine offensive Neueroberung auch nur in bescheidenem Umfang wirklich tun will. Versteht man das genannte Prinzip unter dieser Einsicht, wird es dort, wo es wirklich angewendet werden soll, viel Mut erfordern und großen Widerspruch finden. Was das im einzelnen vielleicht bedeuten kann, muß später überlegt werden.

Doch hier schon ein Beispiel: Wenn man in nächster Zukunft unter mehreren Männern einen tüchtigen Pfarrer oder Bischof suchen will, müßte man nicht so sehr fragen, ob der Kandidat sich sehr reibungslos in den herkömmlichen Betrieb der Kirche eingefügt hat, ob er gut das geleistet hat, was man von den herkömmlichen Verhaltensmustern eines kirchlichen Amtsträgers her von ihm zu erwarten pflegt, man müßte vielmehr fragen, ob es ihm schon einmal gelungen sei, sich bei „Neuheiden" Gehör zu verschaffen und wenigstens einen oder zwei solcher „Neuheiden" zu Christen zu machen, ohne daß ein solcher Erfolg im Grunde doch nur der psychologisch immer wieder vorkommende Fall einer Rückkehr zu früheren, schon einmal eingeübten Lebensweisen ist. Der beste Missionar in einer nichtchristlichen Diasporasituation wäre der beste Kandidat für ein kirchliches Amt, auch wenn er bisher vielleicht sehr unkonventionell und für manche bloß traditionelle Christen „anstößig" gewirkt hat.

Jedenfalls: Wenn die deutsche Kirche sich als kleine Herde verstehen muß und will, hat dieses in sich richtige Verständnis seine großen Gefahren eines Mißverständnisses und hat für das konkrete Leben der Kirche sehr wichtige und eigentlich überraschende Konsequenzen.

3. Kirche der Ungleichzeitigkeit

Wir sind in der deutschen Kirche ferner eine Kirche der unvermeidlich Ungleichzeitigen, die sich hoffend und liebend annehmen und ertragen müssen. Was mit diesem Satz gemeint ist, ergibt sich eigentlich aus dem eben Gesagten von selbst. Die profane Gesellschaft besteht einerseits aus geschichtlich, kulturell und gesellschaftlich verschiedenen Gruppen, die in derselben uhrzeitlichen Gegenwart eine geschichtliche und gesellschaftliche Ungleichzeitigkeit haben, und diesen Gruppen ist dementsprechend ein verschiedener Stil des Christentums notwendig zugeordnet. Diese geschichtliche und kulturelle Ungleichzeitigkeit der verschiedenen gesellschaftlichen Gruppen in der Kirche fiel früher nicht so deutlich ins Bewußtsein, weil der Großteil der früher praktisch kirchlichen Christen ein und demselben bäuerlichen und klein- und mittelbürgerlichen Milieu angehörte und auch seine Repräsentanten in der profanen und kirchlichen Öffentlichkeit eine sehr lebendige Rückbezogenheit auf dasselbe Milieu behielten, dem auch sie meist entstammten. Nun aber ist dieses frühere Milieu als das „Rekrutierungsgebiet" der durchschnittlichen Christen nicht nur selber viel pluralistischer und differenzierter geworden, die spezifisch moderne Mentalität mit ihrem Rationalismus und der Mobilität der Gesellschaft hat nicht nur viel mehr als früher auch diese traditionellen Rekrutierungsbezirke des kirchlichen Christentums durchdrungen und mitgeprägt, sondern dieses Gebiet reicht auf keinen Fall mehr aus, wenn die Kirche nicht in einer *falschen* Weise immer mehr die kleine Herde, d. h. eine geschichtlich und gesellschaftlich bedeutungslose Sekte werden soll, an der das große Leben achtlos vorbeigeht. So ist schon die heutige Kirche und wird die Kirche der Zukunft noch mehr konstituiert sein durch geschichtlich, kulturell und gesellschaftlich ungleichzeitige Gruppen. Es mag richtig sein, daß dieser Zustand in nicht zu ferner Zukunft abgelöst werden wird durch ein gesellschaftliches Milieu, das überall und in allem durch die Mentalität geprägt ist, die jetzt schon die vorherrschende und bald die überall herrschende sein wird. Aber abgesehen davon, daß sich dann wieder neue, heute noch nicht genau vorhersehbare Gruppen in dieser künftigen Gesellschaft herausdifferenzieren werden, so ist auf jeden Fall *heute* die deutsche Kirche eine Kirche aus solchen ungleichzeitigen

Gruppen. Man darf diese Gruppen nicht einfach identifizieren mit den sogenannten verschiedenen Bildungsschichten. Diese sind zwar auch ein Moment an den hier angezielten Gruppen. Aber es kann z.B. sein und läßt sich verhältnismäßig leicht beobachten, daß ein im Bezug auf eine neutrale und formale Bildung sehr hochstehender Mensch dennoch gesellschaftlich und seiner eigentlichen und ursprünglichen und nie adäquat reflektierbaren Mentalität nach aus dem Geist und Lebensgefühl einer früheren Epoche heraus lebt und dieses Lebensgefühl mit dem Aufgebot seiner ganzen Bildung zu verteidigen und zu legitimieren sucht. So etwas ist zunächst nicht einmal von vornherein unberechtigt, aber es entkräftet die Feststellung nicht, daß es in der uhrzeitlich gleichen Kirche sehr ungleichzeitige Gruppen gibt.

Diese Situation ist darum auch sehr komplex und schwierig, weil man ja nicht apriori und unbesehen voraussetzen kann, daß alles, was eine geistig und kulturell „frühere" Gruppe verteidigt und auch heute noch und in Zukunft geltend wissen will, bloß darum schon „veraltet" sei, weil es deutlicher gelebt und bejaht wird von einer Gruppe, die kulturell usw. älter ist. In einem in diesem Sinne älteren Lebensgefühl können natürlich auch, wenn vielleicht auch nicht selten in einer wirklich altmodischen Gestalt, Werte und Lebensnormen verteidigt werden, die immer gültig sind, aber von einer jüngeren „Mode" nicht *so* deutlich gesehen und gelebt werden, daß es hinsichtlich dieser Werte und Prinzipien zu gar keiner Gruppenbildung käme. Wenn nun einmal wegen der Unmöglichkeit, daß geschichtliche Veränderungen des Denkens, des Lebensgefühls, der Leitbilder, kurz, des „Bewußtseins" bei allen profanen und kirchlichen Gruppen uhrzeitlich synchron verlaufen, solche ungleichzeitigen Gruppen unvermeidlich gleichzeitig in der Kirche gegeben sind, dann bleibt dem Christen in der Kirche gar nichts anderes übrig, als mit dieser Lage zu rechnen, sie in Geduld zu ertragen und eine auch praktisch effiziente Einheit der Kirche trotz aller mit dieser Tatsache gegebenen Schwierigkeiten aufrechtzuerhalten.

Von daher sind sogenannte Kompromisse gar nicht zu vermeiden, sie spiegeln die genannte Tatsache wider, sie suchen allen solchen ungleichzeitigen Gruppen möglichst gerecht zu werden. Die Respektierung dieser Tatsache kann, da ja durchaus grundsätzlich alle solche Gruppen ein gewisses Lebensrecht haben, auch subsumiert werden unter die Lehre und Praxis, daß in der einen Kirche mit ihrem einen Geist eine Vielfalt von Charismen bestehen kann und muß, deren letzte Harmonie vielleicht von uns im noch dauernden Lauf der Geschichte gar nicht ganz erfahren werden kann, sondern nur dem einen Herrn der Kirche und der Geschichte greifbar ist, der weder mit irgendeiner einzelnen solchen Gruppe noch mit den Amtsträgern der Kirche identisch ist. Die Legitimität solcher die Einheit der Kirche in der Vielfalt der geschichtlich ungleichzeitigen Gruppen aufrechterhaltenden Kompromisse darf natürlich keinen faulen Frieden bedeuten und hebt die Notwendigkeit eines fairen Kampfes unter den Gruppen nicht auf. Denn die „jüngere" Gruppe vertritt den unvermeidlichen und notwendigen Weitergang der Geschichte der Kirche im immer neuen Bestehen neuer geschichtlicher Situationen; die „ältere" Gruppe kann eine Sendung dahin haben, daß die unaufgebbaren Werte der Vergangenheit, die, wenn man tiefer blickt, durchaus das „Moderne von übermorgen" sein können, auch wirklich in die Zukunft der Kirche eingestiftet werden. Solche Kompromisse können für alle Gruppen gleichzeitig unangenehm sein und Verzichte fordern. Wer solche Kompromisse im konkreten Fall schlechterdings nicht zu erbringen bereit ist, verrät seinen Glauben an die Bleibendheit der Kirche in allem nach seiner Meinung zu schnellen oder zu langsamen Wandel oder überschätzt denjenigen Wert, dessen volle Verwirklichung bei einem solchen Kompromiß nicht gelingt.

Nochmals: Diese letzte Bereitschaft, Kompromisse hinzunehmen, darf keinen Kirchhoffrieden in der Kirche bewirken, darf nicht dazu führen, daß gar keine Entscheidungen, die für alle gelten, mehr getroffen werden und jeder macht, was er will. Solche Bereitschaft zu Kompromissen in realen Entscheidungen, die dann für alle grundsätzlich verbindlich sind (auch wenn sie nicht alles reglementieren und uniformieren sollen), darf erst zu Kompromissen führen, wenn ehrlich und sachlich gekämpft worden ist, wenn man versucht hat, einander zu überzeugen und sich überzeugen zu lassen, und wenn so, und zwar gegenseitig, mutig Bewußtseinsveränderungen in den ungleichzeitigen Gruppen versucht worden sind. Es ist auch selbstverständlich, daß solche Normen und Rezepte eines Zusammenlebens der geschichtlich ungleichzeitigen Gruppen in der Kirche die Bitterkeit und Härte des unter den Gruppen unvermeidlichen Kampfes nicht einfach vermeiden können. Aber diese harte Bitterkeit des Kampfes kann doch dann in für alle Gruppen erträglichen Grenzen gehalten werden, wenn jede Gruppe auch gegenüber sich selbst kritisch ist und Vertändnis für die andere Gruppe aufzubringen versucht, wenn man sich nicht zu schnell guten Willen oder echtes Christentum gegenseitig abspricht.

4. Kirche der Polarisierung und Gruppierung

Wir sind somit in der deutschen Kirche auch eine Kirche, in der heute die Gefahr einer unmenschlichen und unchristlichen Polarisierung groß ist. Das Wort „Polarisierung" ist nicht sehr klar. Aber was hier gemeint ist, dürfte doch verständlich sein. Eine Polarisierung ist dann gegeben, wenn nicht nur Meinungsverschiedenheiten vorhanden sind (in der Theologie, in der kirchlichen Praxis, bezüglich des konkreten Verhältnisses des Christen und der Kirche zur profanen Umwelt und Gesellschaft usw.), sondern die Träger solcher Meinungen sich *so* in Gruppen zusammenballen, daß sie nicht mehr echt *mit*einander zusammen leben, zusammen beten und zusammen arbeiten, daß sie den einzelnen vor das Dilemma stellen, entweder zu einer bestimmten Gruppe zu gehören oder von ihr als Feind oder mindestens als grundsätzlich verdächtig betrachtet zu werden, daß sie den einzelnen zwingen, in allen und jeden Fragen sich zu einer bestimmten Gruppe zu bekennen, daß immer nur jene von den Anhängern einer bestimmten Gruppe gefördert werden, die sich mit Haut und Haar dieser Gruppe verschrieben haben, daß man immer nur und zuerst fragt, ob etwas gruppenkonform sei und dem Prestige dieser Gruppe nicht schade. In der Gefahr solcher Polarisierung sind wir heute bestimmt. Es hat zwar immer in der Kirche Schulen, Richtungen, wenn man will: Parteiungen und ähnliches gegeben. Das ist unvermeidlich und braucht auch nicht tragisch genommen zu werden. Wenn man sich aber gegenseitig lieblos verdächtigt, wenn man sich gegenseitig „abstempelt" als „reaktionär" oder als „progressistisch", wenn man gegenseitig nicht mit sachlichen Argumenten, sondern mit Emotionen aufeinander losgeht, wenn jede Gruppe, jede Zeitschrift, jede Zeitung usw. nur noch pauschal qualifiziert und abqualifiziert werden, wenn einer dem anderen, weil Meinungsverschiedenheiten bestehen, schon gleich als dumm oder böswillig, als reaktionär oder das Christentum modernistisch auflösend erscheint, wenn man sich nur mehr in den Kreisen bewegt, die einem selbst von einem letztlich doch sehr unreflektierten und sehr wenig kritisch durchleuchteten Instinkt heraus sympathisch sind, wenn dem einen das Neue immer schon als der Weisheit letzter Schluß oder nur als die tödliche Gefahr für alles echte Christentum erscheint, dann ist die Gefahr einer dummen und letztlich unfruchtbaren Polarisierung gegeben. Und sie ist heute bei uns da. Den einen scheinen allmählich alle bisherigen Positionen in der Theologie und im kirchlichen Leben von vornherein altmodisch, verdächtig, zu beseitigender Schutt der Vergangenheit zu sein. Den anderen ist alles ihnen ungewohnte Neue, das gefühlsmäßig schmerzende Abschiede von liebgewordenem Altem fordert, schon Zerfall und Auflösung. Die einen machen das Überkommene von vornherein rationalistisch lächerlich, die anderen haben Offenbarungen und Erscheinungen vom Himmel her bereit, um zu beweisen, wie zerstörerisch und vom Teufel verführt diejenigen sind, die Neues sagen oder praktizieren oder solches zur Geltung bringen wollen. Es gibt ja auch schon Leute genug in der deutschen Kirche, denen nicht einmal der Papst päpstlich genug ist und die sogar die Gültigkeit seiner Amtsvollmacht wegen Häresieverdacht bezweifeln.

Alle vernünftigen Leute in allen praktisch unvermeidlichen Gruppen der Kirche sollten sich gegen diesen unchristlichen Unfug solcher primitiver Polarisierungen zu Wehr setzen. Natürlich nicht nur bei solchen einfältigen und dummen Polarisierungstendenzen der *„anderen“*, sondern auch bei denen, die ihnen an sich von ihrem eigenen Lebensgefühl her näher stehen, die im großen und ganzen zur selben Gruppe gehören. Die einzelnen „Lager“ sollten je bei sich solche Polarisierungen heftig bekämpfen. Jeder müßte sich fragen, ob er auch gegenüber seinen eigenen Freunden schon mutig kritisch gewesen ist, und zwar auch in der Öffentlichkeit. Ein Christ müßte ja eigentlich seine „Feinde“ schonender behandeln als seine „Freunde“. Aber meist ist es bei uns sündigen Christen umgekehrt. Wir vergessen immer wieder, daß auch wir selbst, also auch unsere eigenen Freunde, kurzsichtig, engherzig, untolerant und unkritisch der Mentalität einer bestimmten Zeit ausgesetzt sind, wobei es im Grunde gleichgültig ist, ob diese Mentalität von gestern oder von heute ist. Nach unserer christlichen Überzeugung sind wir sündige Menschen, also immer auch eingebildet, stolz, in egoistischer Weise von uns selbst überzeugt. Diese Tatsache sollten wir zuerst und zuletzt uns selber und unseren Freunden und nicht denen nur vorhalten, mit denen wir nicht übereinstimmen. Man kann natürlich skeptisch sagen, eine solche Philippika sei selbstverständlich und praktisch doch immer unwirksam. Aber wo bliebe das Christentum, wenn es einen Appell an eine solche selbstkritische „Selbstverleugnung“ von vornherein für leeres Gerede und ärgerliches Moralisieren halten würde? Erst wenn wir nach bestem Gewissen und immer wieder aufs neue selbstkritisch uns daran erinnert haben, daß wir auch in solchen innerkirchlichen Auseinandersetzungen selbstgerechte und engstirnige Menschen sind und bleiben und dieses schreckliche Ingredienz aus unserem Handeln gar nicht restlos entfernen können, dürfen wir christlich für unsere Meinung eintreten, ohne daß diese gleich als Polarisierung abgewürdigt werden darf; erst dann sollen wir für unsere Meinung eintreten, mutig und kämpferisch, auch wenn wir wissen, daß die Zukunft nie ganz und allein einer „Partei" recht gibt, sondern nur die nie adäquat geplante Zukunft und darin Gott recht behalten. Wenn wir uns so bescheiden einschätzen, jeder bezüglich seiner selbst und seiner Gruppe, dann wird gerade der legitime Kampf nicht unmöglich, sondern erst recht erlaubt und geboten, aber er wird, wenigstens einigermaßen, befreit von einem selbstgerechten und humorlosen Fanatismus, den sich Christen nicht erlauben dürfen. Es bleiben dann Meinungsverschiedenheiten in allen Dimensionen des christlichen Denkens und Lebens, es kann aber auch die notwendige Einheit des Glaubens, des Geistes und der Liebe erhalten bleiben, es kommt nicht zu jener sturen Polarisierung, die unmenschlich und unchristlich ist, die vergißt, daß man auch seine „Feinde" nicht nur lieben soll, sondern sogar *kann,* und zwar auch solange sie noch „Feinde" sind.

Das eben Gesagte muß noch etwas verdeutlicht werden: Gruppen, die in der Kirche teils wegen ihrer geschichtlichen Ungleichzeitigkeit, teils aus Gründen der Sache, teils aus Meinungsverschiedenheiten in Ermessensfragen sich voneinander unterscheiden, dürfen sich auch in den verschiedensten christlich und kirchlich möglichen Weisen „organisieren". Basisgruppen von unten, Priestergemeinschaften und ähnliche Zusammenschlüsse dürfen nicht von vornherein als solche schon der Unchristlichkeit oder der Unkirchlichkeit geziehen werden. Solche Gruppen brauchen auch nicht von vornherein unter einer positiven Ermunterung oder Billigung von seiten des Amtes, der Bischöfe oder Roms zu entstehen. Sie können sich auch spontan von unten bilden, ohne darum schon eo ipso unkirchlich zu sein. Wenn sie sich bilden, ihre Ansichten propagieren, für diese eintreten, üben sie natürlich durch ihr Sein und Leben einen gewissen Druck auf die Amtsträger aus, der von diesen nicht notwendigerweise gewünscht oder als erfreulich empfunden wird. Einen solchen „Druck" dürfen Amtsträger nicht von vornherein und immer als ungebührliche „Pression" betrachten, sie dürfen solche „Druck" ausübenden Gruppen nicht von vornherein als pressure-groups abstempeln. Ob ein solcher Druck wirklich eine rechtlich, menschlich oder christlich illegitime „Pression" ist, hängt von der genauen Weise ab, wie dieser Druck ausgeübt wird. Ein solcher Druck ist aber nicht darum schon eine solche illegitime Pression, weil er einem konkreten Amtsträger unangenehm ist oder dieser Amtsträger urteilt, dieser Druck erstrebe etwas, was sachlich unrichtig ist. Denn dieses Urteil ist ja gerade Kritik, und es steht nirgends geschrieben, daß in allen Fällen ein Amtsträger immer richtig urteile. Es wird gar nicht vermeidbar sein, daß eine genauere Kasuistik darüber ausgearbeitet wird, was bei solchem Druck legitim, was im konkreten Fall illegitim ist. Diese Kasuistik müßte sehr genau differenzieren, sowohl hinsichtlich der Gegenstandsbereiche, auf die sich solche Druck ausübenden Bestrebungen beziehen, als auch hinsichtlich der Weisen, in denen solche Tendenzen sich durchzusetzen versuchen. Auf jeden Fall aber dürfen die Amtsträger nicht so tun, als ob jeder mit ihren eigenen Ansichten und Tendenzen in einem unangenehmen Widerspruch stehende Druck unchristlich oder unkirchlich sei; auf jeden Fall dürfen solche Gruppen und ihre Führer nicht so tun, als ob jedwedes Mittel zur Erreichung der Zwecke, die sie für richtig halten, auch schon legitim sei. Auch hier heiligt der Zweck nicht jedes Mittel. Es kann der Fall eintreten, daß die gesellschaftliche Struktur der Kirche und ihre Einheit nur dann aufrechterhalten und von einer bestimmten Gruppe konkret respektiert werden, wenn eine solche Gruppe unter Umständen auf die Verwirklichung eines an sich legitimen Zieles verzichtet. Wenigstens für hier und jetzt. Aber wehe den Hirten, die durch ihre formale und zu respektierende Autorität die Verwirklichung einer jetzt für die Kirche fälligen Aufgabe verhindern. Freilich kann es so sein, daß im extremen Fall eine ein legitimes Ziel anstrebende Gruppe die Exekution eines solchen „Wehe" Gott und der künftigen Geschichte der Kirche überlassen muß. Wer in jedem Fall die formale Autorität des kirchlichen Amtes bestreitet oder abändern will, bloß darum, weil sie im einzelnen Fall sachlich falsch entscheidet, hebt das kirchliche Amt grundsätzlich auf und macht sich stillschweigend zum souveränen

Herrn der Geschichte. Daß es umgekehrt subjektiv und objektiv Fälle geben kann, in denen ein kirchlicher Gehorsam seine Grenze findet, steht noch einmal auf einem anderen Blatt und braucht hier nicht lange dargetan zu werden.

Solche grundsätzlich möglichen und legitimen Gruppen in der Kirche brauchen aber nicht zu derartigen Polarisierungen und Konfrontationen zu führen, wie wir sie schon als unchristlich und unkirchlich abgelehnt haben. Diese Gruppen können in einer ernsthaften und fairen Weise miteinander kämpfen, sie brauchen keinen harmlosen Frieden zu simulieren, der in Wirklichkeit nicht besteht. Sie müssen aber und dürfen sich nicht einfach als Feinde betrachten, die sich gegenseitig umzubringen versuchen. Sie müssen alles tun, um mitten in einem Kampf miteinander zu leben. Der Kampf jeder Gruppe müßte auch ein Kampf um ein besseres Verständnis der anderen Gruppe sein. Warum z.B. sollte eine Gruppe nicht Vertreter einer anderen Gruppe zu ihren Zusammenkünften einladen und sie zu Wort kommen lassen? Warum kann eine Gruppe die andere nicht als kritische Instanz für sich selbst betrachten, deren sie notwendig bedarf?

ZWEITER TEIL

Was sollen wir tun?

Wir kommen zum zweiten Teil unserer Überlegungen, zur Frage: Was sollen wir tun?, wenn auch dazu unvermeidlich im ersten Teil da und dort schon einiges gesagt worden ist. Diese Überlegungen zu unserer zweiten Frage erfordern zunächst einige methodologische Vorüberlegungen.

1. Methodologische Vorüberlegungen

Zunächst ist nüchtern zu sehen, daß alle Planung der Zukunft der Kirche in den nächsten Jahrzehnten uns von der Notwendigkeit eines Ganges in eine unplanbare Zukunft, von Wagnis und Gefahr und Hoffnung auf die unberechenbare Gnade Gottes nicht dispensiert. Wenn die profane Zukunft trotz aller modernen Futurologie nicht wirklich genau vorausgewußt werden kann, schon weil, von allem anderen abgesehen, die Rückkopplungseffekte der geplanten und erreichten Momente der Zukunft auf die Mentalität der kommenden Generation gar nicht genau vorausgewußt werden können, wenn diese unberechenbare profane Zukunft das Aktionsfeld der Kirche der Zukunft ist und das Handeln der Kirche mitbestimmt, dann ist es eigentlich selbstverständlich, daß die Zukunft der Kirche auch nur für die nächsten Jahrzehnte nicht wirklich genau vorausgewußt und aktiv geplant werden kann. Wir gehen auch heute immer noch in eine uns verhüllte Zukunft der Kirche. Das ist das menschliche Schicksal auch der Kirche und etwas, was eine christliche Haltung der wirklichen Hoffnung und des Vertrauens eigentlich als selbstverständlich voraussetzen muß. Wir können, wenn wir wollen, uns dabei trösten, daß alle Futurologen, Gesellschaftswissenschaftler und Politiker für ihre Zukunft trotz aller Berechnungen und Voraussagen auch nicht wirklich mehr wissen, alle profanen Prophezeiungen immer wieder teilweise oder gänzlich desavouiert werden, weder Gutes noch Böses genau so eintreffen, wie es erhofft oder gefürchtet wurde, weder ein Gelobtes Land noch eine endgültige Katastrophe uns die Last und die Würde einer weiteren Pilgerschaft durch die Geschichte bald abnehmen werden. Eine rationale und nüchterne kirchliche Futurologie kann auch nicht im Ernst ergänzt werden durch einen Rückgriff auf diese oder jene Prophezeiungen, die in frommen Kreisen feilgeboten werden, weil sie selber nur Ausdruck einer apokalyptischen und nicht eschatologischen Mentalität sind, die nun einmal in gewissen soziologischen Schichten nicht auszurotten ist. Wenn daher im folgenden gewisse Voraussichten und Imperative für eine nähere Zukunft der Kirche in Deutschland vorgetragen werden, dann geschieht dies immer unter dem strikten Vorbehalt des eben Gesagten.

Wenn einem dann diese Perspektiven der Zukunft vage und billig vorkommen, vielleicht nur Binsenwahrheiten zu sein scheinen, dann muß er sich fragen lassen, ob er Besseres und Deutlicheres in diesen Fragen zu sagen weiß, und vor allem, ob denn wirklich in der deutschen Kirche die Konsequenzen mutig und eindeutig gezogen werden, die sich schon aus dem hier Gesagten ergeben können. Solange dies nicht wirklich geschieht, solange doch meist nur Lippenbekenntnisse bezüglich dieser Konsequenzen abgegeben werden, um im Grunde genommen alles beim alten zu lassen und das, was heute für die Zukunft getan werden könnte, auf morgen zu verschieben, so lange muß man auch immer wieder solche Selbstverständlichkeiten sagen. Es darf dabei vor allem auch nicht übersehen werden, daß schon die nähere gesellschaftspolitische Zukunft unseres Volkes sehr ungewiß ist, da sehr wesentliche Änderungen – zum Guten und zum Schlimmen – möglich sind, die wir für eine Programmatik der kirchlichen Zukunft schon, so gut es möglich ist, einkalkulieren müßten. Man kann aber den Eindruck haben, daß dies im kirchlichen Leben und Planen fast gar nicht geschieht und mehr oder weniger stillschweigend von der Voraussetzung ausgegangen wird, die profane Gesellschaft des Westens bleibe doch auch in den nächsten Jahrzehnten ungefähr so, wie sie jetzt ist. Natürlich ist in dieser Hinsicht vieles nicht vorauszusehen, und darum sind viele an sich wünschenswerte Vorbereitungen dafür oder dagegen nicht möglich, so daß die evangelische Warnung vor einem Praemeditari auch heute noch in Kraft bleibt. Aber auf das, was man voraussehen kann, sollte man sich doch rechtzeitig vorbereiten und nicht einfach weitermachen wie bisher und abwarten wie eine Maus, die, von der Schlange der Zukunft hypnotisiert, gar nichts zu ihrer Rettung tut. Auch wenn man sich für das wappnet, was von der Zukunft voraussehbar ist, bleibt noch genug, was unberechenbar ist und nur in Hoffnung und Geduld erwartet werden kann.

Zum Methodologischen, das für die Beantwortung unserer zweiten Frage bedacht werden muß, gehört auch die Erkenntnis, daß vieles im kirchlichen Leben, und gerade insoweit es Gegenstand der Erklärungen einer Synode ist, den Charakter von Imperativen und Weisungen an sich tragen muß. Das will sagen: Es wäre falsch und für das Leben der Kirche verhängnisvoll, es würde die Kirche immobil machen, wenn man meinen würde, kirchliche Entscheidungen müßten den Charakter einer stringenten Deduktion aus den Prinzipien des Glaubens und der christlichen Moral an sich tragen, vorausgesetzt nur, man habe die Situation, auf die solche Prinzipien angewendet werden sollen, genügend genau erkannt. Solches mag in manchen und auch nicht unwichtigen Fällen so sein. Aber die Kirche muß in sehr vielen und auch gewichtigen Fällen zu Entscheidungen kommen, die auch bei genügender Kenntnis der Situation aus den verpflichtenden Prinzipien des christlichen Dogmas und der Moral nicht einfach zwingend abgeleitet werden können, sondern Entscheidungen nach bestem Wissen und Gewissen, aber auch in einer schöpferischen Freiheit sind, die sich nicht adäquat vor einer bloß rational die christlichen Prinzipien handhabenden Vernunft rechtfertigen lassen. Weil man Entscheidungen der Kirche unreflektiert immer vor das Dilemma zu stellen versucht ist, sie müßten entweder in dem genannten Sinn rational stringent sein oder sie dürften gar nicht verpflichtend gefällt werden, wird die Kirche so ratlos, immobil und ineffizient, wie wir sie heute so oft erleben. Darüber wird später nochmals zu sprechen sein. Es muß aber auch in diesem Zusammenhang schon betont werden, weil es bei einer Planung der Zukunft von fundamentaler Bedeutung ist. Die Zukunft der Kirche in Deutschland kann nicht mit bloßen Anwendungen allgemein anerkannter christlicher Prinzipien allein geplant und erbaut werden; es bedarf des Mutes zu eigentlichen Imperativen und Weisungen einer letztlich charismatisch inspirierten schöpferischen Phantasie.

Dabei müssen Entscheidungen getroffen werden, durch die zwischen mehreren an sich denkbaren und verteidigbaren Möglichkeiten ausgewählt wird. Es müssen Entscheidungen fallen, auch wenn sie jene harte Einseitigkeit in sich tragen, die unter mehreren guten Möglichkeiten eine auswählt, die nicht alles Gute der anderen Möglichkeiten in sich bergen kann. Kompromisse können zwar sinnvoll und notwendig sein; wenn sie aber alles Gute der bei einer Entscheidung in Frage stehenden Möglichkeiten vereinigen wollen, werden nur verbale und faule Kompromisse versucht, läuft man allen Hasen nach und fängt keinen wirklich.

Im Handeln der Kirche auf die Zukunft hin und bei Entscheidungen einer Synode sind in wirklich hart auswählenden Entscheidungen Schwerpunkte zu setzen. Auch die Kirche kann nicht in jeder Zeit gleichmäßig alles tun, was an sich in den Umkreis ihrer Sendung und ihrer Aufgabe fällt. Wenn man das Gegenteil versucht, wird man in Wirklichkeit keiner Aufgabe gerecht, weil man sehr endliche Kräfte verzettelt in dem Bemühen, allen und allem gleichzeitig gerecht zu werden. Man kann auf einer Synode darüber streiten, welche Schwerpunkte zu setzen sind, an welchen bevorzugten Punkten man die endlichen Kräfte an Menschen, geistlichem Elan und materiellen Hilfen einsetzen will. Wenn man aber zu keinen wirklichen Schwerpunktsetzungen kommt, wenn man beschließt, allen und allem gerecht zu werden, an allen Punkten der Front der Kirche zugleich anzugreifen, wenn man für alle und jede Aufgabe der Kirche ein ideales Programm entwirft, dann hat man sicher falsch gehandelt. Das einzig sichere Kriterium dafür, daß man diesen kapitalen Fehler vermeidet, scheint mir darin zu liegen, daß nicht wenige in der Kirche gegen solche Schwerpunktsetzungen protestieren, weheklagen und erklären, die Kirche oder die Synode nähme die von ihnen vertretenen Anliegen und Bedürfnisse nicht ernst genug.

Mit diesem eben entwickelten Prinzip ist auch die Forderung nach dem Mut gegeben, unter Umständen Aufgaben und Positionen aufzugeben, die die Kirche bisher für sich reklamiert hat. Die Kirchengeschichte belehrt uns darüber, daß die Kirche schon oft Positionen verteidigt hat, die sie mit aller Gewalt und zum Schaden ihrer letzten und unabdingbaren Aufgabe zu halten versuchte unter Protest gegen die Mächte, die sie aus diesen Positionen zu verdrängen suchten, und daß die Kirche erst, wenn ihr diese Positionen mit Gewalt entrissen waren, merkte und zugab, daß sie diese gar nicht unbedingt verteidigen mußte, ja ihre unzeitgemäße Verteidigung ihr und ihrer eigentlichen Aufgabe nur zum Schaden gereichte. (Man denke z.B. nur an den zu spät gekommenen ehrlichen Verzicht auf den Kirchenstaat, der, wenn er früher erbracht worden wäre, vieles in Italien zum Besseren und zum Nutzen der Kirche hätte lenken können.) Es ist nun einmal zwar so, daß eine fromme Kurzsichtigkeit in der Kirche sehr oft in heiligem Eifer und Zorn gegen unkirchliche und antiklerikale Ungerechtigkeit auch in Zukunft manche Positionen erst räumen wird, obwohl solche Räumung eben doch auch im „Zug der Zeit" liegt, gegen den die göttliche Providenz im Grunde auch nichts hat. Aber man sollte doch diese fromme Kurzsichtigkeit nicht überstrapazieren. Es kann sein, daß sie einfach nicht vermeidbar ist, weil man eine Versöhnung zwischen den wirklich unabdingbaren Aufgaben und den damit gegebenen Ansprüchen der Kirche einerseits und der geschichtlichen Weiterentwicklung der Gesellschaft anderseits einfach noch nicht zu sehen vermag und darum eine legitime Möglichkeit einer Aufgabe solcher Positionen von seiten der Kirche erst dann erkennen kann, wenn sie faktisch schon, und zwar schon verhältnismäßig lange, erzwungen *ist.* Aber es gibt doch sicher auch Fälle, wo man die Unausweichlichkeit einer Entwicklung, die zur Räumung bestimmter kirchlicher Positionen zwingt, nüchtern voraussehen kann, sich auf sie im voraus einzustellen vermag, selber darum Positionen mutig aufgibt, ohne noch lange an deren Verteidigung Kräfte zu verschwenden und die Träger einer solchen geschichtlichen Entwicklung noch mehr der Kirche zu entfremden.

Zu diesem Mut des Aufgebenkönnens nicht mehr lange haltbarer Positionen scheint es mir auch zu gehören, daß man sich bescheiden, aber auch nüchtern und hart fragt, ob man bei einem solchen Marsch in die Zukunft der Kirche immer alle die braven Leute in der Kirche mitnehmen kann, die sich gegen einen solchen Marsch in eine ihnen unbekannte Zukunft von ihrer unzeitgemäßen Mentalität her sträuben. Tritt man nämlich einen solchen Marsch an, wird man nicht wenige in der Kirche oder in einem freundlichen Verhältnis zu ihr bewahren können, die diesen Gang in die Zukunft auf jeden Fall antreten, man wird aber selbstverständlich auch nicht wenige befremden, schockieren und skandalisieren, die nur in der ihnen schon von der Vergangenheit her gewohnten Kirche sich heimisch fühlen. Gewiß muß man bescheiden und liebevoll auch auf diese „Konservativen" Rücksicht nehmen, soweit es nur immer möglich ist. Aber es gibt kein christliches Prinzip, daß im Falle einer unvermeidlichen Entscheidung zwischen diesen beiden Gruppen immer nur die Konservativen recht bekommen müßten. Um dies einzusehen, zunächst eine Analogie, deren Berechtigung wohl niemand bestreiten kann. Wenn man nur sehr begrenzte Kräfte für die äußere Mission zur Verfügung hat, ist es doch gewiß erlaubt, daß man die meisten Kräfte zur Missionierung *der* Menschen einsetzt, die das größere geschichtliche Potential für die Zukunft der Welt repräsentieren, und andere Menschen eben Gottes Gnade überläßt, die mächtiger ist als die Kirche, also z. B. eher in Japan als bei den Eskimos missioniert. Ebenso kann es bei uns so sein, daß man berechtigterweise mehr die zu bewahren oder neu zu gewinnen sucht, die ein inneres Verhältnis zur beginnenden Zukunft haben, als jene zu bewahren, die die Nachhut des Zuges der Kirche in eine Zukunft bilden, die unweigerlich doch kommt. Es ist z. B. gewiß nicht einfach eine Erfindung konservativer Leute, wenn behauptet wird, eine moderne Theologie und Verkündigung verunsichere manche braven Gläubigen in ihrem traditionellen Glauben und bringe sie in Versuchung, „nichts mehr zu glauben", weil sie in dieser modernen Theologie und Verkündigung ihren alten Glauben nicht mehr zu entdecken vermögen, obwohl er darin objektiv durchaus noch gegeben ist. Natürlich soll man diese Bedrohung der traditionell Glaubenden nach Kräften vermeiden und, soweit es nur geht, sie mitzunehmen versuchen in die Zukunft des alten Glaubens. Aber wenn und soweit so etwas konkret und praktisch nicht möglich ist, dann darf man durchaus mit Recht mehr Rücksicht nehmen auf die Glaubenden oder Glaubenswilligen, die in der heute oder morgen gegebenen Gestalt des Glaubens ihn wirklich vollziehen können und nur so, als auf die Nachzügler, die es selbstverständlich aus geschichtlichen und soziologischen Gründen auch gibt. Einen Menschen von morgen für den Glauben zu gewinnen ist für die Kirche wichtiger, als zwei von gestern im Glauben zu bewahren, die Gott mit seiner Gnade auch dann retten wird, wenn eine heutige und morgige Weise der Glaubensverkündigung sie eher verunsichert. Die Heilsstrategie Gottes und die der Kirche sind nun einmal nicht identisch. Denn Gottes Gnade ist unendlich, die Kräfte der Kirche aber sind sehr endlich. Man darf grundsätzlich den Mut haben, wegen einer offensiven Strategie der Kirche in die Zukunft hinein gegen alle Absicht heute *den* zu verlieren, der morgen doch nicht mehr zur Kirche gehören würde, weil morgen auch seine Mentalität und gesellschaftliche Situation seinen traditionell verfaßten Glauben nicht mehr tragen wird.

Es will mir aber scheinen, daß die Amtskirche bei uns das eben entwickelte Prinzip nicht genügend beachtet. Ich möchte ihr nicht den Vorwurf machen, daß sie positiv die Christen von morgen, die es heute schon gibt, abstößt oder verfolgt. Ein solcher Vorwurf wäre ungerecht und das Zeichen einer wehleidigen Empfindlichkeit, die gerade diejenigen nicht haben sollten, die meinen, sie gehörten zum Vortrupp in einer geschichtlichen Entwicklung des Bewußtseins und des Lebens der Kirche. Aber dennoch will mir scheinen, daß die Amtskirche bei uns in konkreten Fragen doch zu sehr nur den Part der Konservativen spielt, Entscheidungen zugunsten der Zukunft sich meist nur unter Sträuben abringen läßt, der Entwicklung seufzend hinterdreinläuft, anstatt sie mit souveränem Mut selbst zu führen.

Noch eines ist zum Methodologischen der Planung der Zukunft der Kirche zu sagen. Es gehört zu jenen Selbstverständlichkeiten und Binsenwahrheiten, die man im Leben immer wieder übersieht. Die Zukunftsplanung muß rechtzeitig geschehen. Wenn man z.B. weiß, daß man in zehn Jahren vielleicht nur noch die Hälfte der bisherigen Pfarreien mit einem Priester am Ort besetzen kann, dann müssen schon heute wirklich einschneidende Maßnahmen getroffen werden, durch die man dem bald eintretenden Zustand begegnen kann. Solche rechtzeitige Planung ist schon darum erforderlich, weil jetzt noch Möglichkeiten und deren Voraussetzungen für das, was später notwendig ist, vorhanden sind, die, wenn man vorläufig einfach wie bisher weitermacht, verschwinden werden, weil sie nicht praktisch erprobt und durchexperimentiert wurden. Heute z.B. würden in Leben, Beruf und Ehe erprobte Männer sich vermutlich zur Übernahme einer Gemeindeleitung durch Ordination noch bereitfinden, ihr Beispiel könnte für kommende Zeiten, in denen sie dann absolut notwendig sind, werbend sein und einen solchen kirchlichen Beruf als durchaus selbstverständlich erscheinen lassen, während, wenn man so etwas erst nach weiteren zehn oder zwanzig Jahren versucht, niemand mehr sich dafür bereit finden wird. Rechtzeitiges Planen und rechtzeitiger Beginn der Ausführung des Geplanten müssen in einer Zeit geschehen, in der das Geplante noch gar nicht absolut dringend und für jedermann selbstverständlich ist. Darum aber stehen einem solchen Geplanten innere und äußere Widerstände entgegen, die nur zu leicht zur Vertagung auf spätere Zeiten Anlaß geben. In Wahrheit aber wird nur dann rechtzeitig geplant und angefangen, wenn man nach einem durchschnittlichen Urteil auch noch warten könnte. In Wirklichkeit aber ist es in solchen Fällen höchste Zeit, nur merkt man es nicht.

Zu dem unmethodologischen Methodologischen gehört auch die Bereitschaft, den Geist in der Kirche frei walten zu lassen, wo immer man nur mit einiger Deutlichkeit ihn am Werke erkennen kann. Niemand in der Kirche wird grundsätzlich ein solches Prinzip ablehnen, aber sehr oft verlangt man Kriterien für das Wehen des Geistes Gottes in der Kirche, deren Anwendung keinen Geist mehr erkennen läßt. Auch das Wehen des Geistes ereignet sich in irdischen Menschen. Darum aber ist es auch immer mit menschlichen Motivationen, Einseitigkeiten, Voreiligkeiten usw. verbunden. Wenn man solches Menschliche zum Beweis dafür verwendet, daß es sich gar nicht um eine Wirksamkeit des Geistes handelt, kann man ihn nirgends entdecken und hat es mit dem Beweis leicht, daß Menschen und nicht der Geist Gottes am Werke sind.

2. Römisch-katholische Kirche

Wir sind und bleiben auch in Zukunft die *römisch*-katholische Kirche. An sich ist das eine Selbstverständlichkeit. Aber sie muß doch heute angesichts einer weitverbreiteten theoretischen und praktischen Allergie gegen Rom deutlich gesagt werden. Wenn man das betont, braucht man gerade darum noch lange kein Anhänger der Bewegung für „Papst und Kirche" zu sein, weil die unbedingte Bezogenheit unseres Verständnisses von Christentum und Kirche auf Rom für uns Katholiken ein Moment des christlichen und katholischen Glaubens und nicht bloß eine geschichtliche oder religionssoziologische Zufälligkeit ist. Weil Kritik und ein grundsätzlich auch kritisches Verhältnis zur Kirche zum Wesen des Christentums und des katholischen Glaubens selber gehören, weil die Konkretheit der Funktion des Papstes in der Kirche eine auch geschichtliche Größe ist, deren Geschichte selbstverständlich nach vorne immer noch offen ist, weil die konkreten Päpste in der Geschichte der letzten hundertfünfzig Jahre auch faktisch nicht selten und bis in das Institutionelle und in die sich als normal gebende Praxis hinein und auch heute noch Anlaß zu Kritik geben, weil das glaubensmäßig für uns gegebene Petrusamt in sehr vielem in seiner konkreten Gestalt auch anders gedacht werden und von der Situation der heutigen Welt gefordert werden kann, ist damit noch lange nicht gesagt, daß wir ein Recht hätten, dem vom Ersten und Zweiten Vatikanischen Konzil gelehrten Verständnis des Petrusamtes in Theorie oder Praxis zu widersprechen. Das Beispiel des Paulus im Galaterbrief Petrus gegenüber hat gewiß auch für uns noch eine Bedeutung. Der Stil der Papstdevotion, wie er sich vor allem im 19. Jahrhundert herausgebildet hat, mag für viele unter uns mit Recht als einer untergegangenen Epoche angehörend erscheinen. Die Tiara ist abgeschafft, und erst recht haben wir sogar aus verpflichtenden dogmatischen Gründen das Recht, der Civiltà cattolica von 1867 zu widersprechen, die meinte, daß unser eigener Glaube und unser eigenes religiöses Leben vom Papst her erfließe. Wir weisen dem Papsttum in der Kirche eine ganz bestimmte Funktion zu, die mit der des Chefs eines totalitären Regimes nichts zu tun hat. Diese Funktion ist getragen und umfaßt von dem größeren Geist und Leben der Kirche, ist in ihrer Verpflichtung für uns selbst getragen durch unseren ursprünglicheren Glauben an Jesus Christus und seine dem Papsttum gegenüber größere Kirche. Die universale Funktion des Papstes auf die ganze Kirche hin ist nur sehr bedingt und analog beschreibbar mit Hilfe rechtlicher Kategorien, die einer profanen Gesellschaft entlehnt sind und auch da nur in einer sehr erheblich geschichtlich bedingten Weise gelten. Sehr vieles, was eine mögliche, aber nicht dogmatisch zwingende, sondern geschichtlich bedingte und wandelbare Konkretheit dieser Funktion des Papsttums ist und als solches heute noch gilt, erlaubt sehr berechtigte Wünsche für einen weiteren Wandel. Und solche Wünsche können sehr nachdrücklich angemeldet werden, auch wenn sie keine Revolution in der Kirche, und zwar auch nicht gegenüber diesem grundsätzlich Wandelbaren legitimieren, die geschichtliche Konkretheit der Dauer und Funktion dieses Amtes nicht abbrechen dürfen und also immer auf die (letztlich eschatologisch begründete) Hoffnung gestellt bleiben, daß sie durch das Papsttum selbst und nicht gegen es durchgesetzt werden. All das ändert aber nichts an der dogmatischen Tatsache, daß das Papsttum ein verbindlicher Inhalt unseres Glaubens selbst ist, an der richtigen Stelle in der Hierarchie der Wahrheiten und in unserem eigenen christlichen Leben. So aber unbedingt.

Alle berechtigten kritischen Vorbehalte gegenüber der konkreten Gestalt des Papsttums sollten uns nicht hindern, ihm auch in dieser Konkretheit mit *dem* nüchtern realistischen Verständnis zu begegnen, in dem liebevoll und unbefangen auch die jeweilige konkrete Gestalt des Christentums in all seinen Dimensionen und Bereichen angenommen werden muß, obwohl man sie als nicht einfach mit seinem Wesen identisch, sondern als geschichtlich wandelbar erkennt. Eine gereizte und verbitterte Allergie gegenüber dieser konkreten Gestalt des Papsttums ist zutiefst unkatholisch. Man kann heute mutig und auch mit Geduld effizient dieser konkreten Gestalt des Papsttums kritisch gegenüberstehen, ohne darum dieser gereizten Allergie ihm gegenüber verfallen zu müssen. So wie es in der profanen Gesellschaft nicht nur eine Gesellschaftskritik, sondern einen echten und unbefangenen Staatswillen gibt oder geben muß, so ist etwas Analoges auch gegenüber dem Papsttum angezeigt. Seine Kritiker sollten nicht nur und nicht in erster Linie auf der Lauer liegen, um wirkliche oder vermeintliche Übergriffe dieses obersten Amtes in der Kirche abzuwehren, sondern sich konstruktiv darüber Gedanken machen, wie dieses

Petrusamt vermutlich in nicht wenigen Richtungen in einer Kirche *neue* Aufgaben *positiver* Art übernehmen könnte und sollte, in einer Kirche, die sich heute anschickt, wirklich Weltkirche zu sein und einer vereinheitlichten Welt gegenübertritt, der gegenüber sie Aufgaben hat, die nur von einer wirklich auch institutionell *einen* Weltkirche erfüllt werden können. Wenn die weltweite Bewegung des marxistischen Sozialismus einen „demokratischen Zentralismus" als die Struktur der gesellschaftlichen Ordnung proklamiert, dann kann man immer noch einkalkulieren, daß dieser Begriff sehr verschieden ausgelegt werden kann und wird, dann kann man betonen, daß die Kirche keine profane Wirklichkeit ist, sondern ein ganz anderes Wesen hat, aber man kann auch hier sagen: die Kirche darf kein Debattierklub sein, es muß Entscheidungen geben können, an die sich alle in der Kirche zu halten haben; eine solche Forderung kann nicht schon von vornherein gegen die Würde des Menschen sein, wenn er doch, wie man heute einzuschärfen nicht müde wird, ein gesellschaftliches Wesen ist; dann kann eine oberste Spitze nicht sinnlos sein, in der sich alle Überlegungen und demokratischen Diskussionen in für alle verpflichtende Entscheidungen umsetzen. Man kann gewiß wünschen, daß die Entscheidungsprozesse in der Kirche unter der aktiven Mitwirkung möglichst vieler geschehen und transparent ablaufen, man muß gewiß betonen, daß sie sachgerecht geschehen müssen, daß sogar die Neigung einer Majorität als solcher auch schon ein Stück der einzukalkulierenden Sache selber sein kann, aber man soll doch nicht so tun, als ob alle solche Entscheidungsprozesse, adäquat reflektiert, aufgelöst werden könnten in rational demonstrierbare und von allen eingesehene Prozesse, das nicht mehr adäquat auflösbare Individuelle und Persönliche gar keine Rolle in solchen Prozessen spiele, ein Entscheidungs*kollektiv* (das ja letztlich doch aus wenigen besteht) eine gewisse Ausgeliefertheit einer ein Kollektiv betreffenden Entscheidung an einzelne schlechthin verhindern könne. Von daher ist eine (in einem gewissen, genau zu begrenzenden Sinn!) „monarchische" Spitze auch in der Kirche sinnvoll und im Grunde unvermeidlich und braucht gar nicht mit paternalistischen Ideologien verteidigt zu werden. Diese Unausweichlichkeit ist besser vor Gefahren geschützt, wenn sie nicht verschleiert wird, wenn sie nicht abgeschafft wird, sondern wenn in ihre bleibende Funktion Sicherungen ihres sachgemäßen Funktionierens und ihrer

Transparenz eingebaut sind (iure humano und entsprechend der Verschiedenheit der gesellschaftlichen Situation und der Sachbereiche der zu treffenden Entscheidungen). In dieser Hinsicht ist gewiß noch vieles an der *konkreten* Struktur des obersten Amtes in der Kirche, das notwendig ist, zu verbessern und neu zu strukturieren auf wirkliche Effizienz und heute notwendige Transparenz hin, aber man sollte gerade heute die Notwendigkeit eines effizienten obersten Leitungsamtes der Kirche positiv sehen und nicht meinen, je mehr es faktisch eingeschränkt wird, um so mehr entspreche man den Forderungen der Zeit. Man sollte auch einsehen, daß es gar keine rechtliche Struktur eines Amtes geben *kann,* die Fehlentscheidungen und Mißbräuche von vornherein ausschließt. Man sollte einsehen, daß man christlich und katholisch ein unbefangenes Verhältnis zu einem solchen Amt gar nicht haben kann, wenn man nicht in diese Haltung auch eine – nicht mehr durch Recht und Institution absicherbare – Hoffnung auf den Geist in der Kirche einbringt.

3. Eine entklerikalisierte Kirche

Die Kirche sollte entklerikalisierte Kirche sein. Dieser Satz ist natürlich mißverständlich und muß erklärt werden. Es ist selbstverständlich, daß es in der Kirche ein Amt mit bestimmten Aufgaben und Vollmachten gibt, gleichgültig wie dieses Amt selbst noch einmal differenziert und geteilt werden mag, wie genauer seine Aufgabe und Vollmacht auf die konkreten Amtsträger übertragen gedacht werden können oder müssen. Es ist auch selbstverständlich, daß in der Kirche von ihrem Wesen, ihrer Sendung und ihrem Geist her ihrem Amt und den Amtsträgern *als* solchen eine Eigentümlichkeit eignet, wie sie dem Amt und den Amtsträgern in einer profanen Gesellschaft nicht zukommt. Aber diese Eigentümlichkeit kommt diesem Amt und den Amtsträgern *als* solchen eben von dem Wesen der Kirche als der geisterfüllten Gemeinschaft aller an Jesus Christus Glaubenden zu und nicht durch eine Herkunft, die das Amt und seine Träger zunächst einmal von der Kirche als der Gemeinschaft aller Christen distanzieren würde. Dieses Amt in der Kirche hat einen funktionalen Charakter in der Kirche als Gesellschaft, auch wenn diese Gesellschaft mit ihren Funktionen (Wortverkündigung, Sakrament, Leitung des kirchlich-gesellschaftlichen Lebens) einen Zeichencharakter hat für das Eigentliche in der Kirche, für den freien Geist, für Glaube, Hoffnung, Liebe, auf die alles gesellschaftlich Institutionelle im Amt hingeordnet ist und gleichzeitig damit nie identisch wird. Es ist darum wirklich so, daß die „Hierarchie" (wenn man so sagen will) im eigentlichen Wesen der Kirche nicht identisch ist mit der Hierarchie in der gesellschaftlichen Struktur der Kirche. Es ist wirklich in der Kirche so wie in einem Schachverein: Die wirklich den Verein Tragenden und ihm Sinn Gebenden sind die Mitglieder in dem Maße, in dem sie gut Schach spielen. Die Hierarchie der Vereinsleitung ist notwendig und sinnvoll, wenn und soweit sie der Gemeinschaft der Schachspielenden und *ihrer* „Hierarchie" dient und nicht meint, mit dieser identisch zu sein und auch schon vi muneris am besten Schach spielen zu können. So ist auch in der Kirche das Amt zu respektieren, aber die Liebenden, die Selbstlosen, die Prophetischen in der Kirche machen die eigentliche Kirche aus, diese sind noch längst nicht immer identisch mit den Amtsträgern, auch wenn es zum katholischen Glauben gehört, daß Gottes Geist in der

Kirche ein absolutes Schisma zwischen Geistträgern und Amtsträgern zu verhindern weiß und darum, aber nur so letztlich, auch dem Amt in der Kirche in seiner gesellschaftlichen Funktionalität so etwas wie Geistbegabung zukommt. Wenn einmal diese dogmatischen Selbstverständlichkeiten von den Amtsträgern und den anderen Christen unbefangen als selbstverständlich gelebt und praktiziert werden, dann ist das gegeben, was wir eine entklerikalisierte Kirche nennen, d.h. eine Kirche, in der auch die Amtsträger in fröhlicher Demut damit rechnen, daß der Geist weht, wo er will, daß er keine exklusive Erbpacht bei ihnen eingerichtet hat, daß das nie völlig reglementierbare Charismatische ebenso notwendig zur Kirche gehört wie das Amt, das nie einfach mit dem Geist identisch ist und ihn nie ersetzen kann, daß auch das Amt seine wirklich effiziente Glaubwürdigkeit vor den Menschen nur im Erweis des Geistes und nicht durch die bloße Berufung auf die noch so legitime formale Sendung und Autorität hat. Wenn wir dazu noch bedenken (worüber noch eigens ausführlich gesprochen werden muß), daß die Kirche der Zukunft ganz anders als in der Vergangenheit in ihrer Realität herauswachsen muß aus den frei von unten wachsenden Gruppen in eigenem Entschluß personal Glaubender, dann kann noch deutlicher werden, was mit Entklerikalisierung hier gemeint ist. In einer so von unten wachsenden Kirche, deren Realität über die bloße Theorie hinaus auf diesem freien Glaubensentschluß der einzelnen von unten aufruht oder nicht ist, wird es natürlich auch ein Amt geben, weil es ohne das Amt eine Gesellschaft nicht geben kann. Dieses Amt wird auch dann mit Recht sagen, daß es auf der Sendung von Christus her und nicht bloß auf dem gesellschaftlichen Zusammenschluß der einzelnen Glaubenden beruht, auch wenn es auch dann noch wahr ist, daß diese Sendung von oben eingeschlossen ist in dem Gnadenwillen Gottes auf alle Menschen hin, dem die Kirche ihr Wesen und ihre Existenz verdankt. Aber die Effizienz dieser Amtsvollmacht wird eben doch in Zukunft real konstituiert oder vermittelt sein durch den Glaubensgehorsam, den die Glaubenden von unten her Jesus Christus und seiner Botschaft schenken. Diese Effizienz wird nicht mehr konstituiert sein durch eine gesellschaftliche Macht, die dem Amt im voraus zu diesem Glaubensgehorsam heute noch, wenn auch in einem immer mehr schwindenden Maße, zukommt. In diesem Sinne wird die Autorität des Amtes eine

Autorität der Freiheit sein. Faktisch werden in Zukunft die Amtsträger so viel effiziente und nicht nur theoretisch in Anspruch genommene Autorität haben, als sie ihnen von der Freiheit der Glaubenden durch ihren Glauben zugestanden wird. Wo aber die Inanspruchnahme einer Autorität in der Kirche immer in einem ein Appell an die freie Glaubenstat jedes einzelnen ist, vor ihr sich legitimieren muß, um überhaupt wirksam zu werden, wo also konkret die Berufung auf seine Autorität beim Amtsträger *Glaubens*verkündigung ist, weil diese Autorität nur durch diesen Glauben real effizient wird, ist die Kirche eine entklerikalisierte Kirche, in der die Glaubenden den Amtsträgern in freiem Gehorsam gern die besonderen Funktionen zugestehen, die in einer Gesellschaft und so auch in der Kirche gar nicht von allen zugleich ausgeübt werden können. Daß dabei solche Amtsvollmachten in der Kirche durch einen besonderen Ritus, Sakrament des Ordo genannt, zuerkannt werden und in dieser Zuerkennung diesen Amtsträgern von Gott auch der Beistand *des* Geistes angeboten wird, der mit der Kirche ist, bleibt wahr, ändert aber nichts an diesem entklerikalisierten Verständnis des Amtes in der Kirche. Die Bestreitung oder Bezweiflung dieses Amtes kann in Zukunft nicht mehr effizient durch die Berufung auf die formale Autorität des Amtes, und sei sie noch so legitim, abgewehrt werden, sondern nur durch den Erweis einer echten Christlichkeit des Amtsträgers selbst. Er wirbt um die Anerkennung seines Amtes dadurch, daß er ein echter Mensch und ein geisterfüllter Christ ist, den der Geist zu selbstlos dienender Ausübung seiner kirchengesellschaftlichen Funktion befreit hat.

Es wäre nun genauer zu fragen, welche konkreten Konsequenzen für die konkrete Lebensführung der Amtsträger eine solche Entklerikalisierung mit sich bringt. Der Lebensstil besonders des höheren Klerus ist doch auch heute manchmal noch zu konform dem Lebensstil der gesellschaftlichen Funktionäre in der profanen Gesellschaft. All das Feierliche, das den Amtsträger auch im gewöhnlichsten Alltag, der nichts mit seiner Amtsausübung zu tun hat, aus der Menge der sonstigen Menschen und Christen heraushebt, seine Würde unterstreicht, wo es gar nicht am Platze ist, dürfte ruhig verschwinden. In der Amtsführung selbst könnte gewiß die Sachlichkeit in Urteilsbildung und Entscheidung noch viel größer sein, aber vor allem auch für den Außenstehenden viel deutlicher werden, daß solche Sachlichkeit wirklich angestrebt wird. Geheimnistuerei ist überflüssig. Berufung auf Erfahrung wird dort verdächtig, wo der Anschein gegeben ist, es handle sich um eine „Erfahrung", die schon von vornherein unter klerikalen Vorurteilen gewonnen worden ist. Wenn Ratgeber konsultiert worden sind, sollte man auch wissen dürfen, wer sie waren. Es schadet der Autorität und Würde eines Amtes nicht, wenn bei Entscheidungen auch die Gründe vor der Öffentlichkeit angegeben werden, die daran interessiert ist. Je profaner von der Sache her der Gegenstand einer Entscheidung ist, um so mehr haben *die* Gründe Ausschlag zu geben bei einer Entscheidung, die auch von einem theologisch weniger Gebildeten eingesehen werden können. Der Mut muß entwickelt werden, ohne ein falsches und letztlich unchristliches Prestigedenken Entscheidungen zu revidieren und zurückzunehmen und dies auch ausdrücklich zu sagen, wenn sich solche Entscheidungen als sachlich verfehlt oder menschlich als ungerecht herausgestellt haben. Auf Kritik an Entscheidungen müßte man gelassen und für Belehrung offen reagieren und nicht jedesmal behaupten, man habe sich die Sache so gründlich überlegt gehabt, daß man eine Entscheidung gefällt habe, die über jede Kritik erhaben ist. Man sollte auch in den Dingen, die dogmatisch und verfassungsrechtlich gar nicht unveränderlich sind, daran denken, daß der schlichte Wunsch einer Majorität in der Kirche schon im voraus zur sachlichen Begründung einer Entscheidung durchaus legitim ein Gewicht hat. Man sollte sich hüten, sich für eine Entscheidung, die man, bloß durch das Schwergewicht des Gewohnten bewegt, zu treffen beabsichtigt, von gescheiten Theologen oder Kirchenfunktionären ideologische Begründungen liefern zu lassen, die sehr tiefsinnig scheinen mögen, aber im Grunde doch nur die überzeugen, die von anderswoher schon längst von dem überzeugt sind, was da hinterdrein theologisch oder juristisch subtil begründet wird. Die Gefahr, sich selbst etwas durch solche nachträglichen ideologischen Substrukturen vorzumachen, ist in der Kirche sehr groß und ein typisches Teilphänomen an einem falschen Klerikalismus. Es schadet dem Amt und den Amtsträgern nichts, wenn man Unsicherheiten, Zweifel, Notwendigkeit von Experimenten und weiteren Überlegungen, deren Ausgang wirklich noch ungewiß ist, ehrlich zugibt und nicht so tut, als habe man einen unmittelbaren heißen Draht zum Himmel für alle und jede Frage, die in der Kirche eine

Antwort verlangt. Die formale Autorität eines Amtes enthebt auch dann, wenn der Amtsträger an sich legitim von ihr Gebrauch macht, ihn nicht der Pflicht, von der Sache her und in wirklich heutigen Verstehenshorizonten um die echte Zustimmung derer effizient zu werben, die von einer solchen Entscheidung betroffen werden. Mir will scheinen, daß besonders auch römische Erlasse dieses Prinzip nicht genügend verstehen und darum in solchen Erlassen die formale Autorität Roms übergebührlich strapaziert wird. Vor allem darf man bei moraltheologischen Lehrentscheidungen nicht einerseits sagen, sie seien naturrechtlichen Inhaltes und darum doch grundsätzlich jedermann zugänglich, und sich dann anderseits doch wieder auf die formale Lehrautorität mehr oder weniger allein berufen, ohne einen genügenden und zeitgemäßen Versuch zu machen, die innere Begründung von der Natur der Sache her überzeugend und lebendig vorzutragen. Solche und ähnliche nähere oder entferntere Konsequenzen aus einer richtig verstandenen Entklerikalisierung des kirchlichen Amtes gäbe es noch viele andere. Aber es mag für den Augenblick damit genug sein.

4. Dienend besorgte Kirche

Die Kirche in Deutschland müßte eine Kirche sein, der es nicht um sich, sondern um die Menschen, um alle Menschen geht. Das ist auf dem Zweiten Vatikanischen Konzil und nachher oft genug gesagt worden. Aber diese Forderung bestimmt noch lange nicht wirklich die Haltung der kirchlichen Christen und der Kirche. Eine gesellschaftliche Gruppe, die bedrängt ist und sich dennoch nicht aufgeben will und kann, ist unvermeidlich in der großen Versuchung, vor allem an sich und ihre Weiterexistenz zu denken. So ist es auch bei uns. Wenn die Kirche sich um die Menschen kümmert, was sie Gott sei Dank natürlich auch und in einem Maße tut, mit dem man sich vor der nichtkirchlichen Öffentlichkeit gar nicht verstecken müßte, weil da auch nicht mehr getan wird, dann ist solche Sorge doch immer in einer seltsamen Weise gedacht und gelebt als Apologie der Kirche selbst, wird nur zu leicht Mittel zum Zweck. Aber die Kirche mit all ihren Institutionen ist ein Mittel für die Menschen, und diese sind ihr Zweck.

Gerade und vor allem die Amtsträger und die Kleriker überhaupt leiden unter einer ekklesiologischen Introvertiertheit. Sie denken an die Kirche und nicht an die Menschen, sie wollen die Kirche, nicht die Menschen frei sehen. So kam es z. B. dazu, daß wir in der Zeit des Nationalsozialismus doch erheblich mehr an uns selbst, an den Bestand der Kirche und ihrer Institutionen gedacht haben als an das Schicksal der Juden. Das mag verständlich sein, sehr christlich und sehr kirchlich war es nicht, wenn man das wahre Wesen der Kirche wirklich verstanden hat.

Diese Aufgabe der Kirche, für die Menschen und nicht für sich dazusein, bezieht sich nicht bloß auf die Christianisierung der Menschen, damit sie kirchliche Christen werden. Eine so verstandene Aufgabe wäre eigentlich nur dann legitim, wenn es sich dabei um die Gewinnung von Menschen handelt, die selbst den Auftrag der Kirche, für alle dazusein, mittragen wollen. Wenn die Kirche nämlich das Sakrament des Heiles für eine Welt ist, die faktisch zum größten Teil durch die Gnade Gottes außerhalb der Institutionalitäten der Kirche (so gottgewollt und legitim diese auch sind) gerettet werden, wenn die Kirche trotz ihrer Sendung zu allen nicht meinen darf, außer ihrer sichtbaren Gestalt gäbe es kein Heil und kein langsames

Heilwerden der Welt, dann ist eben das Gewinnen von neuen kirchlichen Christen nicht so sehr und in erster Linie die Rettung der sonst Verlorenen, sondern die Gewinnung von Zeugen, die als Zeichen für alle die überall in der Welt wirksame Gnade Gottes deutlich machen.

Der Wille zur Kirchlichkeit der Menschen muß somit in der Kirche ein Wille sein, daß diese kirchlichen Christen allen dienen. Auch denen, die zwar bereit sind, ihre Dienste anzunehmen und sie dennoch verachten und bekämpfen. Auch den Armen, den Alten, den Kranken, den gesellschaftlich Deklassierten, den Menschen am Rande der Gesellschaft, allen denen, die keine Macht haben und der Kirche keinen eigenen Machtzuwachs bringen können. Die Kirche hat auch dann für Gerechtigkeit und Freiheit, für die Würde des Menschen einzutreten, wenn es ihr selbst eher schadet, wenn ein Bündnis mit den herrschenden Mächten, wenn auch nur verhohlener Art, ihr auf den ersten Blick eher nützen würde. Theoretisch leugnet das ja unter uns gewiß niemand. Aber da wir eine Kirche der Sünder sind, können wir gewiß nicht sagen, daß wir diese Bestimmung der Kirche in der Praxis nie verraten würden. Wir tun es im Leben der Kirche, und zwar ganz gewiß bis in ihre amtlichen Entscheidungen hinein und bis in die Konkretheit ihrer Institutionalismen, die ja auch von der Sünde des Egoismus, des Machtstrebens, eines kurzsichtigen Willens der Selbstbehauptung mitgeprägt sind. Wenn wir davon überzeugt sind, daß in einer sündigen Welt viel Ungerechtigkeit und Tyrannei herrschen, wenn wir davon wirklich überzeugt sind oder wären, daß die Sünde auch die gesellschaftlichen Strukturen mitprägt und nicht nur ein Vorkommnis in der privaten Sphäre der einzelnen und ihrer Taten ist, dann müßten wir uns eigentlich wundern, wie wenig die Kirche in Konflikt gerät mit gesellschaftlichen Institutionen und Machtträgern, außer in den Fällen, wo diese die Kirche unmittelbar und ausdrücklich selbst angreifen. Das müßte doch uns selbst vor uns verdächtig machen, das müßte manchen Konservativismus bei uns suspekt erscheinen lassen.

Es sind nicht nur fromme Sprüche, die nur für Sonntagspredigten geeignet sind, wenn gesagt wird, die Kirche müsse über ein apologetisch verwendbares Alibi hinaus dienend um andere besorgt sein, auf der Seite der Armen, der Unterdrückten, der im Leben zu kurz Gekommenen stehen. Aber entspricht die

Wirklichkeit diesem heiligen Prinzip, dem Prinzip, daß die Kirche für alle und somit auch für die anderen dazusein habe, auch denen noch dienen müsse, die gar keinen Wert auf sie legen, sondern sie als Überbleibsel aus geschichtlich schon vergangenen Epochen betrachten? Ist diese Art der „Torheit des Kreuzes“ bei uns sehr geübt? Wird genug Liebe, genug Mut zu harter Konfrontation, Kraft, Zeit und Geld in der Kirche für diesen selbstlosen Dienst an den anderen eingesetzt, ohne Kalkulation darüber, ob es auch der Kirche selbst nütze? Daß es nicht nur solches bei uns gibt, sondern auch Wunder der Liebe und des selbstlosen Dienstes, daß vielleicht die anderen im großen und ganzen auch nicht besser sind, das ist noch kein Argument dafür, daß die Kirche ganz die selbstlose Dienerin für das Wohl und Heil der anderen ist, daß wir uns nicht immer geängstigt fragen müssen, ob die Kirche nicht in ängstlicher Introvertiertheit mehr an sich als an die anderen denke, daß wir nicht als einzelne Christen mutig Protest, unter Umständen sogar gegen die Amtsträger der Kirche, erheben müßten, wo die Kirche mehr an sich selber denkt und sich anders selbst zu retten sucht als durch die Rettung der anderen. Das alles ist sehr abstrakt gesagt, alles müßte vom Wesen der Kirche her viel deutlicher und tiefer begründet werden, alles müßte durch konkrete Beispiele in seiner praktischen Bedeutung deutlicher gemacht werden. Aber das ist hier nun einmal nicht möglich. Die Kürze dieses Hinweises bedeutet in keiner Weise, daß er nicht von größter Bedeutung wäre.

5. Moral ohne Moralisieren

Die Kirche sollte eine Kirche sein, die mutig und eindeutig die Moral verteidigt, ohne zu moralisieren. Zu der Botschaft des Christentums gehört ganz gewiß ein Komplex sittlicher Prinzipien. Dieser Satz ist richtig, unabhängig von der Frage, ob und in welchem Umfang materiale sittliche Normen Bestand der Offenbarung als solcher sind oder aus der geschichtlich weithin bedingten und veränderlichen Situation des Menschen und der Gesellschaft als solcher entstammen und nur in ihrer jeweiligen Sachgemäßheit, die vorausgesetzt wird, eine höhere Motivation und Dringlichkeit von der gnadenhaften Hingeordnetheit des Menschen auf die Unmittelbarkeit Gottes im ewigen Leben erhalten. Zum Mut, diese Botschaft des Evangeliums, ob gelegen oder ungelegen, zu predigen, gehört auch die Entschiedenheit, für diesen Komplex sittlicher Prinzipien eindeutig einzutreten. Aber wenn man dieses zweifellos grundlegende und auch heute sehr aktuelle Prinzip aufstellt, ist gleichzeitig ehrlich hinzuzufügen, daß es bei konkreteren Fragen der menschlichen Sittlichkeit nicht immer so leicht und eindeutig ist, zu sagen, wie diese Fragen von der Mitte der christlichen Botschaft her und unter Berücksichtigung der heutigen Situation zu beantworten sind. Ob es bequem oder unbequem ist, es muß trotz allen Jammerns, man verunsichere dadurch das moralische Gewissen vieler Leute in der Kirche, gesagt werden, daß es aus Gründen, die letztlich mit einer feigen Aufweichung der traditionellen christlichen Moral nichts zu tun haben, nicht wenige konkrete Verhaltensprinzipien und Verhaltensmuster gibt, die früher – und damals unter Umständen durchaus zu Recht – als zwingende Konkretisierungen der letzten sittlichen Prinzipien des Christentums galten, aber heute nicht einfach immer und in jedem Fall verpflichtend sein müssen, und daß auch vielleicht umgekehrt mancher sittliche Imperativ viel klarer und mutiger sehr konkret vertreten werden müßte, als es geschieht, d.h. nicht geschieht, weil er früher nicht so deutlich im sittlichen Bewußtsein der Kirche stand und stehen konnte. Das sittliche Bewußtsein hat nun einmal eine Geschichte, und diese Geschichte ist nicht nur ein äußerer Zusatz zu dem Menschen, aus dessen Wesen die meisten der von der Kirche verkündigten sittlichen Prinzipien abgeleitet werden; diese Geschichte ist vielmehr ein inneres Moment an diesem konkreten, selbst eine Wesensgeschichte habenden Wesen des Menschen. Unbeschadet einer letzten Wesenskonstanz des Menschen, die aber nie adäquat und in chemischer Reinheit aus dem konkreten, immer geschichtlichen Wesen abfiltriert werden kann, hat das konkrete Wesen des Menschen selbst eine wirkliche Geschichte, unterliegt einem inneren und gesellschaftlichen Wandel. Eine solche Veränderung kann aber sowohl manches an konkreteren sittlichen Normen, die früher, und zwar grundsätzlich durchaus mit Recht, weil dem damaligen konkreten Wesen des Menschen entsprechend, als verpflichtend verkündigt wurden, nicht mehr verpflichtend sein lassen, wie auch umgekehrt Normen aktualisieren, die bisher keine aktuelle Verpflichtung hatten und auch im sittlichen bewußtsein der Kirche nicht gegeben waren. Damit ist, wenn auch nicht identisch, aber doch zusammenhängend, daß es sich bei der christlichen Moral in einem sehr erheblichen Umfang um eine „Zielmoral" handelt. Man kann im individuellen und im gesellschaftlichen Bereich gewiß mit diesem Wort Schindluder treiben, indem man von daher auch da eine unmittelbar aktuelle Verpflichtung eines sittlichen Prinzips bestreitet, wo sie in Wirklichkeit doch gegeben ist. Aber grundsätzlich ist im letzten die christliche Moral eine Zielmoral, weil jeder Christ grundsätzlich zu einer *vollkommenen* Liebe Gottes und des Nächsten in Gesinnung und Tat verpflichtet ist, und zwar unter einer *absoluten* Verpflichtung („unter schwerer Sünde"), und doch (im Unterschied zu einer protestantischen Radikalisierung der Sündigkeit des immer schuldig werdenden Menschen) nicht gesagt werden kann, daß diese absolute Verpflichtung in jedem Augenblick zur im Augenblick möglichen vollkommensten Realisierung in einer konkreten Tat verpflichtet, es also dem Menschen erlaubt und auch gleichzeitig geboten ist, sich für eine weitere Entwicklung seiner eigenen Wirklichkeit und für eine höhere Aktualität des sittlichen Bewußtseins offenzuhalten. Das gilt sowohl vom einzelnen in seiner individuellen Sphäre wie vom einzelnen als Glied einer in einer sittlichen Bewegung befindlichen Gesellschaft, wie auch von einer bestimmten Gesellschaft und der Menschheit im ganzen.

Hier ist natürlich nicht der Ort, solche Überlegungen und Grundsätze auf sittliche Einzelfragen anzuwenden. Aber was hier nur angedeutet worden ist, muß bedacht, vertieft und mutig auf Einzelfragen der christlichen Sittlichkeit angewendet werden, wenn sich die Kirche anschickt, heute sittliche Normen zu verkünden. Tut sie dies nicht in einem genügenden Maß, wird eine solche Verkündigung altmodisch und unrealistisch erscheinen, wird man der Kirche den Vorwurf machen, und nicht von vornherein und immer mit Unrecht, daß sie nicht die aus dem Wesen des Menschen erfließenden und vom christlichen Grundethos getragenen sittlichen Prinzipien verkündet, sondern Verhaltensmuster verteidigt, die einer verflossenen Epoche der Geschichte des Menschen angehören und deren Überholtheit von den kirchlichen Amtsträgern nur darum nicht bemerkt wird, weil diese Amtsträger in ihrer Ungleichzeitigkeit mit den Menschen dieser Zeit einer untergegangenen oder untergehenden Zeit angehören. Beispiele aus jüngerer Zeit, die auch heute von den konservativsten Moraltheologen nicht mehr bestritten werden, ließen sich leicht aufzählen. Damit ist die grundsätzliche Möglichkeit nicht bestritten, daß die Kirche selbst durch die Entscheidung zu einer Lebensführung, die selber wieder ein Moment am konkreten Wesen des Menschen und dadurch verpflichtend wird, selber an der konkreten Geschichte des sittlichen Bewußtseins aktiv mitgestalten kann, diese Geschichte also nicht bloß als faktisch geschehen registriert und aus dieser Geschichte, die sie selbst nicht mitgestaltet hat, ihre Konsequenzen zieht. So etwas aber ist nicht möglich durch ein bloß schulmeisterlich ineffizientes Insistieren auf konkreten sittlichen Prinzipien, sondern nur durch eine solche Tat und die ihr entsprechende Verkündigung, die real die geschichtliche Situation, das konkrete Wesen des Menschen und das sittliche Gesamtbewußtsein der Gesellschaft verändert.

Wenn wir sagen, die Kirche müsse eine moralische Anstalt sein, ohne zu moralisieren, dann ist mit diesem Wunsch, sie solle nicht moralisieren, der Imperativ, sie müsse die Botschaft Christi auch in ihren sittlichen Forderungen eindeutig und mutig vertreten, nicht abgeschwächt. Man moralisiert, wenn man sittliche Verhaltensnormen mürrisch und schulmeisterlich und mit moralischer Entrüstung über eine unmoralische Welt vorträgt, ohne sie wirklich zurückzuführen auf diejenige innerste Wesenserfahrung des Menschen, die er hat und ohne die ihn ja die sogenannten naturrechtlichen Prinzipien gar nicht wirklich von diesen selber her aktuell verpflichten; man moralisiert, wenn die moralischen Prinzipien nicht zurückgeführt werden auf jenen innersten Kern der christlichen Botschaft, die die

Botschaft des lebendigen Geistes, die Botschaft der Freiheit vom bloß von außen kommenden Gesetz, die Botschaft der Liebe ist, die, wo sie herrscht, keinem Gesetz mehr untertan ist. Dies gilt vor allem heute. Wir haben zuerst und zuletzt dem Menschen von heute vom innersten, seligen, befreienden, aus Angst und Selbstentfremdung erlösenden Geheimnis seines Daseins zu künden, das wir „Gott" nennen. Wir müssen dem Menschen von heute wenigstens einmal den Anfang des Weges zeigen, der ihn glaubwürdig und konkret in die Freiheit Gottes führt. Wo der Mensch die Erfahrung Gottes und seines aus der tiefsten Lebensangst und der Schuld befreienden Geistes auch anfanghaft nicht gemacht hat, brauchen wir ihm die sittlichen Normen des Christentums nicht zu verkündigen. Er könnte sie ja doch nicht verstehen, sie könnten ihm doch nur höchstens als Ursachen noch radikalerer Zwänge und tieferer Ängste erscheinen. Wo der Mensch nicht wirklich echt und persönlich vor Gott steht (und das ist nicht durch ein bißchen äußerlich indoktrinierendes Reden von Gott zu erreichen), kann er vielleicht noch verstehen, daß Verstöße gegen bestimmte sittliche Normen im Bezug auf das konkrete Wesen des einzelnen und der Gesellschaft unsachgemäß sind, er kann aber *das* nicht verstehen und realisieren, was das Christentum mit Sünde und Schuld vor Gott meint.

Wenn man das bedenkt, wird man doch wohl der Meinung sein dürfen, es werde in der Verkündigung der Kirche zu viel moralisiert. Wirklich christliche Moral meint den Menschen, verteidigt ihn und seine offene Geschichte, entspringt aus der Mitte des Wesens des Menschen, und zwar einer solchen Mitte, in der der Geist Gottes von innen fordernd lebendig ist. Christliche Moral darf somit nicht den Eindruck erwecken, das, was sie fordere, sei eine Einschränkung des Menschen durch eine gesetzgeberische Willkür Gottes, sei das bloß von außen an den Menschen herantretende Gesetz, das, vom Menschen her gesehen, im Grunde ebensogut anders sein könnte. Wo beim Menschen von heute der Eindruck entsteht, die kirchliche Moral habe es mit der Einschärfung solcher Gesetze zu tun, die gar nicht die Konkretisierung des den Menschen befreienden Antriebs des Geistes Gottes von innen sind, zeigt sich, daß wir in unserer Verkündigung moralisieren und nicht wirklich die christliche Moral so verkünden, wie sie verkündigt werden muß.

Wenn gegen eine moralisierende Moral protestiert wird, ist noch etwas, und zwar letztlich Positives gemeint. Es ist nun einmal so, daß der Mensch und seine Umwelt, soweit sie seiner Erkenntnis und Steuerung untertan sind oder untertan gemacht werden können und sollen, heute viel komplexer und unübersehbarer als früher geworden sind. Weil sie früher einfacher waren, wenigstens insofern sie überhaupt in der Verfügung des Menschen standen, weil sie auch viel stabiler und unveränderlicher waren, konnten relativ einfache und stabile Verhaltensnormen gegeben werden, mittels deren der Mensch mit sich und seiner Umwelt fertig werden konnte. Was der Mensch tat, das hatte schon vielmals erprobte und deutlich genug voraussehbare Konsequenzen; und dementsprechend konnte man sehr deutliche und relativ einfach handhabbare sittliche Verhaltensnormen geben. Daran ändert es auch nichts, daß diese für den Menschen immer schwer waren und nur unter sittlicher Anstrengung beobachtet werden konnten. Heute sind diese Wirklichkeiten des Menschen sehr viel komplexer, gleichzeitig in größerem Umfang der Verfügung des Menschen ausgeliefert und enthalten Wirklichkeiten, die früher als Objekte der Freiheit des Menschen gar nicht gegeben waren und somit auch keine sittlichen Normen erforderten. Diese sehr viel komplexere Welt gibt aber nun einmal für den Menschen und auch für die Kirche wegen ihrer mit der Komplexität gegebenen viel schwierigeren Erkennbarkeit nicht mehr so leicht einfache und handhabbare Normen her. Auch die Kirche ist daher in vielen Gebieten des menschlichen Lebens oft ratlos, wenn man nicht nur ganz allgemeine und abstrakte, sondern konkrete und unmittelbar anwendbare Normen von ihr fordert. Wenn sie dennoch so tut oder tun würde, als besäße sie immer und überall und für alle Fälle solche unmittelbar handhabbaren Normen, macht sie sich nur unglaubwürdig, weil sie dann als schreckliche Vereinfacherin des Lebens erscheinen würde. Wenn man daher sagt, die Kirche solle solche billigen Rezepte kleiner Kleriker, die abseits vom wahren Leben, von der Gesellschaft und der modernen Kultur leben, vorzutragen unterlassen und solche Entscheidungen dem Gewissen der einzelnen überantworten, so kann eine solche Forderung in vielen Fällen zwar primitiv und voreilig sein, kann sogar in Wirklichkeit unter dem Wort „Gewissen" subjektivistische Willkür und Beliebigkeit verteidigen, die mit einem selbstkritischen und vor Gott verantwortlichen und echte Schuld als Möglichkeit wirklich fürchtenden Gewissen gar nichts zu tun haben, aber grundsätzlich und richtig verstanden, ist eine solche Forderung dennoch sehr oft wahr. Sie bedeutet, richtig verstanden, nicht den Rückzug des Christentums und der Kirche aus dem Gebiet des Sittlichen, sondern eine sehr wichtige Verschiebung der Aufgabe der christlichen Verkündigung: sie muß die Gewissen bilden, und zwar nicht in erster Linie durch eine in immer konkretere Einzelheiten hineingehende, kasuistisch materiale Belehrung, sondern durch eine Erweckung des Gewissens und dessen Erziehung zu einer selbständigen und verantwortlichen Entscheidung in den konkreten, komplexen, rational nicht mehr adäquat bis ins letzte auflösbaren Situationen des menschlichen Lebens, und zwar auch auf Gebieten, die die frühere Moral gar nicht bedachte, weil sie eben unbekannt waren und auch jetzt durch eine rationale Kasuistik nicht adäquat beherrscht werden können. Wo so etwas auch früher nicht möglich war, hatte man mehr oder weniger probabilistisch solche Dinge als sittlich indifferent freigegeben. Heute sieht man, daß es viele solche Dinge gibt, die moraltheoretisch und kasuistisch gar nicht bewältigt werden können und dennoch eine Sache des Gewissens von höchster Tragweite sein können. Hier ist offenbar eine Weise sittlicher Entscheidung gegeben, die in der traditionellen Moral noch gar nicht genügend reflektiert wird. Darüber kann hier leider nicht weiter gehandelt werden. Eine solche Logik der existentiellen Entscheidung, über die man früher nur hinsichtlich sehr sekundärer Gewissensentscheidungen, wie etwa einer geistlichen Berufswahl, nachdachte, ist heute ein dringliches Desiderat für die wirkliche Bildung des Gewissens, die heute nicht mehr bloß durch eine Verfeinerung der materialen sittlichen Normen geleistet werden kann. Wenn die Bemühung der Moraltheologie und der Verkündigung in dieser Richtung sich bewegen würde, bräuchte weniger moralisiert zu werden, und doch würde in den Gewissen und in der Welt mehr echte Sittlichkeit erzielt. Die sittlichen Entscheidungen auch der Christen würden dann zwar vermutlich immer noch in vielen Einzelfragen material auseinandergehen, aber sie wären dann doch auch trotz dieser Verschiedenheit getragen von einer Verantwortung vor Gott und vor der Würde des Menschen in Gerechtigkeit und Liebe, und es würde vermutlich in wirklich entscheidenden Dingen für den Bestand des Menschen und seiner Würde mehr Übereinstimmung erzielt, als wenn man, moralisierend und dann unglaubwürdig werdend, die Moral durch immer genauere Einzelkasuistik, die für alle gelten soll, retten wollte.

Eine solche nichtmoralisierende Moral dürfte auch nicht so tun, als ob mit der Berufung auf Gott alle konkreten Lebensprobleme gelöst wären. Sie werden dadurch nicht gelöst. Die konkreten sittlichen Probleme sind vielfach innerweltliche Sachprobleme, vor denen ein Christ meist ebenso ratlos steht wie die anderen Menschen. Selbst bei einer Berufung auf Gott und sein Evangelium wissen wir nicht, wie konkrete Fragen, etwa über die Bevölkerungsexplosion, über den Hunger in der Welt, über eine mehr Freiheit und Gerechtigkeit bietende Strukturierung einer Gesellschaft von morgen, konkret zu beantworten sind. Wo im Menschen ein echtes Verhältnis zu Gott gegeben ist, kann er, befreit von einer letzten Daseinsangst, offeneren Geistes und freieren Herzens über eine solche Problematik nachdenken und hoffnungsvoller nach Lösungen suchen, aber er hat damit die sachgerechten Lösungen selbst noch lange nicht. Ja, es ist wahr, daß auch heute wie in früheren Zeiten die Berufung auf Gott die Gefahr eines „Opiums des Volkes“ bedeuten kann, sowenig dieser religionskritische Hinweis eine rechtmäßige Ablehnung der Religion (oder wenn man will: des Glaubens) sein kann. Gott nimmt uns unsere weltlichen Probleme nicht ab, er erspart uns nicht unsere Ratlosigkeiten. Man sollte darum auch in der Kirche nicht so tun, als ob es doch so sei. Letztlich zwingt uns sogar die Berufung auf Gott in eine letzte Ratlosigkeit hinein. Denn er ist das unbegreifliche Geheimnis, das uns verbietet, irgendeine eigene Helligkeit in unserem Dasein als das ewige Licht zu betrachten. Mit dieser letzten Ratlosigkeit wird man nur fertig, indem man sich in einem heiligen „Agnostizismus“ der Kapitulation vor Gott hoffend und liebend diesem unbegreiflichen Gott übergibt, der niemals dafür die Garantie übernommen hat, daß, so man sich nur gut mit ihm stellt, alle Rechnungen unseres Lebens glatt aufgehen.

6. Kirche der offenen Türen

Wir müssen eine Kirche der offenen Türen sein. Diese Forderung berührt sich natürlich mit demjenigen sehr eng, was wir im dritten und vierten Punkt dieses zweiten Teiles schon gesagt haben. Aber über die Kirche der offenen Türen muß doch noch einiges hinzugefügt werden. In früheren Zeiten konnte die Kirche auch in der Dimension des Gesellschaftlichen und des Religionssoziologischen die Menschen schlicht, einfach und klar in zwei Klassen einteilen, in solche, die durch die Taufe und ihr Bekenntnis eindeutig zu ihr gehören, und solche, die entweder nicht getauft oder durch ein öffentlich heterodoxes Bekenntnis oder durch einen eindeutigen Abfall vom Christentum überhaupt oder durch Exkommunikation von seiten des Amtes der Kirche noch nicht oder nicht mehr zur Kirche gehören. Nun soll die theologische und auch gesellschaftliche Bedeutung der Taufe für die Zugehörigkeit zur Kirche gewiß nicht bestritten werden. Aber nach katholischer Lehre ist nun einmal, von allem anderen abgesehen, daß bloße Getauftsein für eine volle und eigentliche Kirchengliedschaft nicht allein konstitutiv. Und in einem Zeitalter, in dem alles bloß Rituelle mit höchstem Mißtrauen betrachtet wird, erst recht nicht. Die übrigen Momente, die für eine volle Kirchenzugehörigkeit konstitutiv sind, sind aber heute nicht mehr so leicht festzustellen, wie das in früheren Zeiten der Fall war oder wenigstens zu sein schien. Die rein standesamtliche Zugehörigkeit zu einer Konfessionskirche ist für eine solche Kirchenzugehörigkeit im personal und theologisch echten Sinn gewiß nicht ausreichend. Ein wirklich christlicher Glaube ist dazu notwendig. Früher meinte man, diesen die Kirchenzugehörigkeit begründenden christlichen Glauben relativ leicht feststellen zu können: wer getauft war, wer nicht in der Öffentlichkeit dem christlichen Glauben ausdrücklich widersprach, wer dabei in einer konfessionell relativ homogenen Gesellschaft lebte, wer auch standesamtlich nicht aus der Kirche ausgetreten war, von dem wurde ein christlicher Glaube als gegeben vorausgesetzt oder mindestens präsumiert. Das auch vor allem darum, weil man in einer solchen Situation sich praktisch kaum denken konnte, woher denn ein solcher Mensch in seinem ernsthaften Bewußtsein Meinungen haben sollte, die seine wirkliche Überzeugung bilden und gleichzeitig dem christlichen Glauben widersprechen. Heute in einer pluralistischen Gesellschaft ist das gewiß anders. Wo einer nicht ganz ausdrücklich und öffentlich sich zum christlichen Glauben entschieden bekennt, was durch eine standesamtliche Konfessionszugehörigkeit noch längst nicht feststeht und auch nicht einmal durch eine gewisse religiöse Praxis notwendig gegeben ist, ist es nicht sicher, daß ein sogenannter Christ in dieser pluralistischen Gesellschaft wirklich *den* Glauben hat, der für eine Kirchenzugehörigkeit im theologischen Sinne notwendig ist. Und praktisch läßt sich ein solcher Glaube bei der Mehrheit der standesamtlichen Konfessionsangehörigen auch gar nicht feststellen, und eine solche Feststellung wird von den Kirchen auch gar nicht versucht. Die theologisch relevanten Grenzen der Kirchen und der Kirche sind dunkel und sicher sehr fließend. Nur im Vorübergehen sei bemerkt, daß man es sich bei dem Versuch nicht zu leicht machen dürfte, die Distanz zwischen dem amtlichen Glauben einer Kirche und dem faktischen Glauben oder den Glaubensfragmenten in den Köpfen und Herzen der Mehrzahl der standesamtlichen Konfessionsangehörigen durch die Berufung auf eine „fides implicita" zu überbrücken. Das mag in manchen Fällen theologisch sachgerecht sein, in den meisten Fällen wird aber vermutlich die Voraussetzung einer solchen „fides implicita", nämlich der explizite Glaube an die unbedingte Normiertheit des Glaubens des einzelnen durch die Lehre der Kirche als solcher gar nicht gegeben sein. Wir haben also, theologisch gesehen, eine Kirche, deren Umkreis gar nicht genau feststeht. Wir haben in der Kirche eine große Zahl von Menschen, die ihr religionssoziologisch, traditionalistisch, durch familiäre Gewohnheit, durch frühkindliche Einflüsse, folkloristisch usw., aber nicht theologisch im eigentlichen Sinne angehören. Wenn das aber nun auf jeden Fall so ist und gar nicht geändert werden kann, dann sollte man auch vorsichtig sein in der theologischen Qualifizierung derer, die standesamtlich und herkommensmäßig nicht zur Kirche gehören. Sie werden in vielen Fällen gar nicht anders sein als viele, die religionssoziologisch innerhalb der Kirche sind. Was diese beiden Gruppen unterscheidet, liegt im religionssoziologisch Kontingenten, nicht im Theologischen. Und darum dürften auch beide Gruppen gleich behandelt werden.

Damit kommen wir erst zu dem, was mit „offener Tür" eigentlich gemeint ist. Natürlich hat auch die religionssoziologische Zugehörigkeit zur Kirche eine gewisse theologische Bedeutung, weil und insofern auch sie ein Moment an der eigentlich theologischen Zugehörigkeit zur Kirche (aber eben auch nur eines) bedeutet. Insofern unterscheiden sich die beiden genannten Gruppen immer auch noch theologisch voneinander. Aber dieser Unterschied ist doch theologisch unerheblich gegenüber der Tatsache, daß beide Gruppen hinsichtlich des die Zugehörigkeit zur Kirche stiftenden Glaubens sich unter Umständen nicht unterscheiden, zumal wenn wir in beiden Gruppen Getaufte voraussetzen. Daraus aber folgt doch, daß die Kirche beide Gruppen mehr oder weniger gleich behandeln darf und soll. Die Kirche sollte die Fließendheit und Unbestimmbarkeit ihrer Grenzen in einer *positiven* Weise betrachten. Sie sollte diejenigen, die sich nicht schon schlechthin durch ihren Glauben mit der Kirche identifizieren können, aber der Kirche als der konkreten Trägerin des christlichen Gedankens gegenüber ein positiv wohlwollendes Verhältnis haben, eher als zu sich gehörig denn als von ihr getrennt betrachten. Sie tut es ja auch gegenüber denen, die standesamtlich zwar zu ihr gehören, darum aber noch lange nicht sicher den die Kirchenzugehörigkeit konstituierenden Glauben haben. Solche Nahestehenden dürften nicht das Gefühl haben, für die Kirche nur interessant zu sein, wenn sie greifbar Kandidaten einer glaubenden Selbstidentifikation mit der amtlichen Kirche sind. Von daher gesehen, sind z.B. Tagungen auf katholischen Akademien viel wichtiger und auch kirchlicher, als es von einem zu starren Begriff der Kirchenzugehörigkeit her erscheinen mag. Wenn wir überhaupt, wie wir müssen, zugeben, daß jemand *ohne* eine persönliche Schuld auch in unseren geschichtlichen und gesellschaftlichen Verhältnissen kein Christ und noch mehr kein konfessioneller Christ sein kann, dann gilt solches erst recht und hat seine Konsequenzen gegenüber denen, die für das Leben der Kirche, für ihre Aufgabe in der Welt, für eine intellektuelle Auseinandersetzung mit dem christlichen Glauben ein waches Interesse haben. Sie sind eigentlich heute das, was man früher Katechumenen nannte, die nicht erst dort beginnen, wo ein fester Entschluß zu einer vollen Kirchenzugehörigkeit angemeldet wird.

Das doch sehr verbreitete Gefühl muß bekämpft werden, man müsse entweder ein dezidiertes Mitglied der Kirche mit allen daraus erfließenden Verpflichtungen sein, oder man stehe der Kirche zwangsläufig feindlich oder absolut gleichgültig gegenüber. Dieses Gefühl wird oft unreflektiert Ursache dafür sein, daß ältere, reifgewordene Menschen den Weg zur Kirche nicht mehr zurückfinden, von der sie sich einmal in jüngeren Jahren, vielleicht letztlich doch schuldlos, distanziert haben. Es ist, theologisch gesehen, gar nicht so, daß das Wiederfinden der Kirche immer die Heimkehr des sündig verlorenen Sohnes, das Wiedergefundenwerden des verirrten Schafes sein müsse. Man macht eine solche Heimkehr zur Kirche nur schwerer, wenn so etwas von vornherein und immer nur unter solchen Vorstellungsmodellen gedacht wird.

Es gibt nun einmal und vor allem heutzutage offene Türen in der Kirche, durch die intellektuelle und moralische Entwicklungsgeschichten der einzelnen ohne eine wirklich personal tödliche Schuld hinausführen und auch wieder hereinführen können. Es kann zwar nicht grundsätzlich die letzte Bestimmung eines Menschen sein, wohl aber das für ihn individuell faktisch allein Mögliche, sich im weiteren Umkreis der Kirche geistig und moralisch anzusiedeln. Wenn die Nächstenliebe uns gebietet, keinen als Feind im letzten Sinn des Wortes zu behandeln, dann ist es den Christen in der Kirche erst recht theologisch gestattet und moralisch geboten, solche Randsiedler als Brüder zu betrachten, ohne es sie bei jeder Gelegenheit merken zu lassen, daß sie ja, genau genommen, doch keine wahren Christen in der Kirche seien. Solche nämlich können nun einmal, um mit Augustinus zu reden, dem „Herzen“ nach heilshafter zur Kirche gehören als die, die „dem Leibe nach“, also allein religionssoziologisch in der Kirche sind. Natürlich sind mit dem Gesagten noch keine konkreten pastoraltheologischen Anweisungen dafür gegeben, wie die Kirche eine Kirche der offenen Türen sein könne. Aber dies ist hier auch nicht die Aufgabe. Es sollte nur der theologische Ort angedeutet werden, von dem her die hier gemeinte Einsicht gewonnen werden kann.

In diesem Zusammenhang darf noch ein Wort über die Orthodoxie in der Kirche gesagt werden. Es ist selbstverständlich, daß, wo das Bekenntnis zum lebendigen Gott des ewigen Lebens und zu Jesus als dem Heilsmittler fehlen oder durch bloßen Humanismus und „Horizontalismus“ verdrängt werden, von der für die Kirche konstitutiven Orthodoxie nicht mehr die Rede sein kann. Wo man nicht den lebendigen Gott und Jesus als Herrn bekennt, ist man außerhalb der Kirche. Auch eine Kirche der offenen Türen ist kein Jahrmarkt, auf dem sich alle und jede Meinung ein Stelldichein geben können. Es bleibt dabei, daß die Kirche, und zwar auch durch ihr Amt, Recht und Pflicht haben kann, eindeutig festzustellen, daß diese oder jene Lehre in der Kirche nicht als christlich oder kirchlich vorgetragen werden kann. Es wäre naiv, zu meinen, es könne in der Zukunft in der Kirche so etwas wie ein Anathem nicht mehr geben. Es gibt auch eine hysterische Furcht vor einer solchen klaren Grenzziehung, eine Furcht, die darum schon gerade heute besonders unberechtigt ist, weil ja einem solchen von der Kirche distanzierten Falschlehrer weder von vornherein Intelligenz und guter Wille abgesprochen noch seine Heilschance bestritten wird, wenn er, wie wir vorauszusetzen haben, seine Meinung als die seines Gewissens vertritt. Damit ist freilich die Frage nach der Orthodoxie in der Kirche von heute noch nicht gelöst. Sie ist heute darum schwierig, weil es schwerer als je ist, hinsichtlich bestimmter theologischer Sätze und Meinungen zu sagen, ob sie innerhalb der Grenzen der notwendigen Orthodoxie und Einheit der Kirche liegen oder diese Grenzen schon überschritten haben. Das ist heute darum sehr oft schwer zu sagen, weil ein sehr bedeutsamer theologischer Pluralismus in der Kirche gar nicht vermieden werden kann und sogar eine positive Funktion hat, weil ohne ihn eine echte Bezogenheit des einen Evangeliums auf die Vielfalt geistiger Verstehenshorizonte, Denkansätze, Mentalitäten usw. in der Welt gar nicht möglich wäre. Es ist darum höchste Vorsicht und Bescheidenheit notwendig, bevor man wagen darf, ein Urteil auf Nichtorthodoxie gegenüber bestimmten theologischen Positionen zu formulieren.

Vermutlich gibt es aber doch so etwas wie eine schlichte „Unterscheidung der Geister", durch die man in Fragen der Orthodoxie weiterkommen kann. Wo ein theologischer Interpretationsversuch einer kirchenamtlichen Lehre diese nicht einfach frontal und von oben herunter leugnet, sondern sich wirklich um eine Interpretation positiv bemüht, wo der in Frage stehende Theologe nicht nur kritische Reserven anmeldet, sondern positiv für den Glauben an Gott und Jesus Christus werbend und liebevoll eintritt, wo er nicht bloß Kritiker, sondern Verkündiger ist, wo er unbefangen das Leben der Kirche mitlebt und mitträgt, da darf man die Orthodoxie der in Frage stehenden theologischen Meinung bis zum strikten Beweis des Gegenteils präsumieren, da kann man eventuell notwendige Korrekturen oder Verdeutlichungen einer solchen Lehre ruhig der Arbeit der Theologie selbst und der Zukunft überlassen, da braucht nicht gleich mit einem Bannstrahl gedroht zu werden.

7. Kirche der konkreten Weisungen

Die Kirche heute sollte eine Kirche des Mutes zu konkreten Imperativen und „Weisungen", und zwar auch für ein gesellschaftspolitisches Handeln der Christen in der Welt sein. Die Kirche steht heute in dieser Hinsicht in einer schwierigen Situation. Die eigentlich fundamentalen und bleibenden Prinzipien des christlichen Handelns, und zwar gerade auch auf die profane Gesellschaft hin, waren früher in einer unreflektierten Einheit mit konkreten Praxen, konkreten Vorstellungsmodellen zusammen gegeben, unter denen diese Prinzipien gedacht und realisiert wurden. So war praktisch früher die Verkündigung der allgemeinen und bleibenden Prinzipien des christlichen Handelns auch schon von selbst eine Verkündigung von konkreten Imperativen, weil eben die Verwirklichung der allgemeinen Prinzipien praktisch gar nicht anders möglich war als durch die einen und selben Imperative, die mit dieser Verkündigung auch schon proklamiert wurden. Heute ist dies anders. Die allgemeinen Prinzipien sowohl des sogenannten Naturrechtes wie etwa einer spezifisch christlichen Moral sind heute konfrontiert mit vielfältigen konkreten Möglichkeiten, in denen sie realisiert werden können: erheblich verschiedene Lebensstile, erheblich verschiedene Modelle von Gesellschaft und Wirtschaft usw., ohne daß man sagen könnte, daß nur eines dieser vielen Modelle allein den christlichen Prinzipien gehorche. Dadurch geraten aber die christlichen Prinzipien, die vom kirchlichen Lehramt als Lehre autoritativ bewahrt und vorgetragen werden, in eine merkwürdige Abstraktheit und dadurch in eine seltsame Ineffizienz. Sie werden sehr oft als durchaus richtig anerkannt, und doch hat man dann den Eindruck, von ihnen in seiner Ratlosigkeit vor konkreten Entscheidungen zwischen solchen möglichen Modellen im Stich gelassen zu werden. Gott und der Teufel scheinen im Detail zu stecken, die kirchliche Verkündigung aber sich im Allgemeinen zu bewegen. Die Kirche erklärt selbst oft hinsichtlich solcher konkreten Fragen und der Forderung nach eindeutigen Imperativen konkreten Handelns, daß sie darin unzuständig sei und solche Entscheidungen dem Gewissen und dem Sachverstand der einzelnen und einzelner Gruppen überlassen müsse, die mit ihrem profanen Sachverstand oder mit einer prophetisch charismatischen Inspiration solche Konkretisationen abstrakter christlicher Prinzipien selber finden müssen. Nun gibt es keinen Zweifel, daß das eigentliche kirchliche Lehramt *doktrinär* nicht über den Bereich der abstrakten theoretischen (menschlichen und theologischen) Vernunft, der allgemeinen Prinzipien hinauskommen kann. Aber man muß, wenn man dies bedauernd oder erleichtert feststellt, sofort hinzufügen: das Lehramt als solches. Und man kann die Frage stellen, ob die Funktion der Amtskirche als ganzer sich immer und notwendig auf diesen Bereich der theoretischen Vernunft zu beschränken habe. Man kann fragen, ob die Amtskirche sich wirklich nur als doktrinäre Hüterin und Lehrerin von abstrakten und immer abstrakter werdenden Prinzipien verstehen müsse, die leicht die Gefahr einer schrecklichen Sterilität mit sich bringen, auch wenn man nicht behaupten will und darf, daß solche abstrakten Prinzipien für das konkrete Leben gar keine wirkliche Bedeutung hätten. Wenn die einzelnen Christen und christlichen Gruppen der Gesellschaft durch Sachverstand und auch (unter Umständen) durch eine charismatische Inspiration über die abstrakten Prinzipien zu ganz konkreten Imperativen und Entscheidungen gelangen können, durch die sie das hier und jetzt wirklich Gesollte, den „Willen Gottes", konkret erfassen, dann ist eigentlich kein Grund vorhanden, eine solche Möglichkeit der Amtskirche als solcher von vornherein abzuerkennen.

Sie kann natürlich solche Imperative und (wie ich es nennen möchte) „Weisungen" nicht lehramtlich als glaubensverbindlich vortragen. Aber wenn sie dies nicht kann und darf (obwohl sie es wohl schon oft getan hat), kann sie dann nur schweigen, wenn die Christen in konkreten Situationen eine Entscheidung suchen müssen und dabei doch offenbar mit Recht die Überzeugung haben, daß die zu treffende Entscheidung für das christliche Gewissen nicht schon darum völlig indifferent und belanglos sei, weil mehrere Entscheidungen vor der christlich theoretischen Vernunft möglich sind und eine bestimmte Entscheidung darunter nicht deduktiv aus den christlichen Prinzipien zwingend abgeleitet werden kann? Ich meine, die Kirche habe die Möglichkeit, auch konkrete Imperative sowohl im Bereich des kirchlichen Lebens als vor allem auch von gesellschaftspolitischer und gesellschaftskritischer Art auszusprechen. Sie hat ja auch ein „Hirtenamt", und es ist nicht einzusehen, warum das, was mit einem solchen Wort theologisch eigentlich gemeint ist, sich nur auf das Handeln der Christen im eng innerkirchlichen Bereich durch eigentliche „Kirchengebote“ erstrecken könne. Mit der Verkündigung solcher Imperative und Weisungen lehrt die Kirche keine ewigen Wahrheiten, stellt sie keine Dogmen auf, erläßt sie keine eigentlichen Gesetze. Sie appelliert dabei vielmehr an den Sachverstand, an das kritische Unterscheidungsvermögen des christlichen Gewissens, dessen Spruch theoretisch nicht mehr adäquat auflösbar ist, sie gibt Appelle, die zwar noch einmal dem christlichen Gewissen des einzelnen und einzelner Gruppen anheimgegeben werden, aber dennoch für den Christen in seinen konkreten Entscheidungen nicht bedeutungslos sind. Auch ich habe den Geist Christi, hat Paulus in ähnlicher Situation gesagt, in der er auch nicht einfach eine unumstößliche Norm verkündigte, und dennoch nicht der Meinung war, er müsse einfach schweigen. Die Kirche könnte die Eigenart solcher Imperative und Weisungen in bezug auf das christliche Gewissen des einzelnen viel deutlicher abheben von der Eigenart der Verpflichtung der eigentlich kirchenamtlichen Lehre. Wenn die Christen in der Kirche sich darüber klargeworden sind, was sie bisher meist nicht waren, daß nämlich eine konkrete geschichtliche Entscheidung nicht darum schon sicher vor Gott bestehen kann, weil sie nicht sicher und eindeutig mit den theoretischen Prinzipien des Christentums in Konflikt kommt, wie diese Prinzipien vom eigentlichen Lehramt der Kirche vorgetragen werden, dann müßte die Bedeutung solcher Imperative und Weisungen deshalb noch nicht kleiner werden. Wenn die Christen einmal in ihrer sittlichen Mündigkeit verstanden haben, daß eine Entscheidung nicht darum schon in wirklich geschichtlicher Konkretheit sachgemäß und Zukunft wirkend und darum auch Wille Gottes ist, weil sie von der christlich theoretischen Vernunft nicht eindeutig sicher angefochten werden kann, dann werden diese Christen auch durchaus offen und hellhörig werden für Imperative und Weisungen der Amtskirche, die, als solche deutlich einbekannt, ihnen helfen können, die wirklich konkret richtige Entscheidung nach ihrem eigenen freien Gewissen zu finden. Faktisch verkündigt die Kirche auch solche Imperative und Weisungen. Nicht weniges und Entscheidendes, was z. B. in „Populorum progressio“ Pauls VI. steht, läßt sich gewiß nicht als deduktiv zwingende Konsequenzen aus den christlichen Prinzipien für die menschliche Gesellschaft ableiten. Und doch wurde es verkündigt, und mit Recht. Wenn man aber die Eigenart dieser in etwa prophetischen und nicht eigentlich doktrinären Imperative und Weisungen theologisch deutlicher reflektiert hätte und die Christen an das richtige Verhältnis zu ihnen gewöhnt wären, dann würde vermutlich die Kirche in ihren Amtsträgern leichter und öfter den Mut finden zu einer solchen Art der Verkündigung. Das Dilemma könnte überwunden werden, das darin gegeben zu sein scheint, daß Amtsträger immer nur blasse Prinzipien vortragen können, die keinem wehe tun, oder nur ihre sogenannte Privatmeinung vortragen, die von vornherein keinen interessiert. Die Kirche könnte gesellschaftskritisch viel aktiver werden, wenn sie sich bei einer solchen Aktivität nicht immer vor die Frage gestellt sähe, etwas der Zustimmung der Christen als glaubensmäßig und lehramtlich verbindlich vortragen zu müssen oder einfach zu schweigen. Wenn die Amtskirche deutlicher und öfter zu solchen Imperativen und Weisungen den Mut aufbrächte (Gelegenheiten dazu gäbe es heute und in Zukunft genug), wäre vielleicht in der Kirche noch ein etwas größeres „Durcheinander", aber es würde doch im Bereich der Kirche jene Friedhofsruhe der theoretischen Vernunft überwunden, die in und außerhalb der Kirche sehr oft herrscht und in der dann, weil diese Vernunft sich als die einzig legitime gebärdet und doch nichts Konkretes zu sagen weiß, die „Praktiker" willkürlich tun, was ihnen einfällt.

Auch das, was eben gesagt wurde, ist sehr theoretisch und allgemein. Dies schon darum, weil die konkrete Effizienz solcher Imperative und Weisungen, auf die es schließlich doch allein ankommt, nur in einer breiten Zustimmung von seiten der einzelnen Christen und einzelnen kirchlichen Gruppen erzielt werden kann. Somit aber erhebt sich die Frage, wie die Amtskirche solche Zustimmung für ihre Imperative und Weisungen über die verkündigten Prinzipien hinaus beim Kirchenvolk finden kann. Eine grundsätzliche Voraussetzung in der Gewissensbildung der einzelnen Christen ist schon angedeutet worden. Darüber hinaus wäre die Frage zu beantworten, wie den durchschnittlichen Christen verständlich und greifbar gemacht werden kann, daß solche Imperative und Weisungen auf einen höheren Sachverstand oder auf einen charismatischen Impuls der Kirche von oben durch die Amtsträger hindurch zurückgeführt werden können und wegen einer solchen Möglichkeit von den einzelnen Christen nicht von vornherein als eine beliebige Meinung bagatellisiert werden dürfen. Natürlich kann die Kirche bei solchen Imperativen und Weisungen in einer anderen Art und greifbarer danebengreifen als bei theoretischen Erklärungen des Lehramtes. Aber so etwas muß, wie ich meine, mutig in Kauf genommen werden, soll die Kirche nicht den Eindruck erwecken, bloß eine theoretisierende Schulmeisterin fern vom Leben zu sein mit Erklärungen, die das wirkliche Leben in seiner undurchsichtigen Konkretheit doch nicht berühren. Das Gesagte gilt, natürlich in Abstufungen, von der Gesamtkirche in ihrem höchsten Amt wie auch von Bischofskonferenzen und einzelnen Bischöfen.

Bei solchen Imperativen und Weisungen, vor allem auch gesellschaftskritischer Art, muß natürlich alles Kleinkarierte und Gouvernantenhafte vermieden werden. Solche Imperative müssen, so wenig sie einfach theoretisch aus allgemeinen Prinzipien allein hergeleitet werden können, doch deutlich aus der innersten, lebendigen Mitte eines betroffenen christlichen Gewissens herkommen, müssen mit prophetischer Kraft vorgetragen werden und setzen darum auch Amtsträger voraus, die zu so etwas fähig sind, ohne sich schulmeisterlich hinter Denzingernummern verschanzen zu müssen. Voraussetzung für so etwas in der Kirche ist natürlich auch eine Erziehung der Christen und ihres Gewissens derart, daß diese auch dann ein vertrauensvolles Verhältnis zur Amtskirche nicht verlieren, wenn ihr eigenes Gewissen ihnen nicht erlaubt, sich solche Imperative und Weisungen für ihr eigenes christliches Handeln zu eigen zu machen. Eine Erziehung und Bildung der Christen, mit einem in einem solchen Fall gegebenen inneren Pluralismus fertig zu werden, ist notwendig. Selbst wenn es solche Fälle nicht gäbe, wäre ja auch eine solche Bildung darum unerläßlich, weil heute ja auch schon ein gewisser Meinungspluralismus theoretischer Art in der Kirche gar nicht vermeidbar ist.

Was mit dem Begriff der „Weisung" gemeint ist, bedarf vielleicht noch einer gewissen Präzisierung. In einem späteren Abschnitt wird davor gewarnt werden, in der heutigen Lehrverkündigung von einer doktrinären Kasuistik zuviel Gebrauch zu machen. Es wird gesagt werden, daß man dogmatische und moraltheologische Lehren, die problematisch sind, nicht mit einer zu hohen theologischen Qualifikation verkündigen dürfe, bloß damit der sogenannte „einfache Gläubige“ nicht beunruhigt und verunsichert werde und ganz genau wisse, was er zu denken und zu tun habe. Wenn daher hier von „Weisungen“ die Rede ist, so wird deren Möglichkeit und Nutzen nicht darum hier betont, um auf diese Weise doch wieder jene simplifizierende Verkündigung zu rechtfertigen, vor der später gewarnt wird. Eine „Weisung“ entspricht nur dann ihrem hier gemeinten Wesen, wenn sie auch ausdrücklich ihre eigenartige theologische „Qualifikation“ aussagt, ihr Wesen als den eines Imperativs an die freie geschichtliche Entscheidung der einzelnen und der christlichen Gruppen bekennt, wenn sie nicht dogmatische und moraltheologische Kasuistik, sondern schöpferischer Appell an jene ist, die eine bestimmte konkrete Zukunft gerade aus mehreren christlich denkbaren Möglichkeiten heraus schaffen müssen. Eine solche Weisung ist darum von vornherein etwas ganz anderes als ein Lehrsatz, dem man nur auf der Ebene der theoretischen Vernunft und Reflexion eine vorsichtige und bescheidene Qualifikation über seine lehramtliche Verbindlichkeit mitgibt. Entscheidend wäre es gerade, daß die Christen von heute und morgen ein innerstes Gefühl dafür bekämen, daß in einem doktrinär höchst problematischen Satz eine für die Zukunft grundlegende Entscheidung stecken kann.

8. Kirche wirklicher Spiritualität

Wir sind in der deutschen Kirche diejenigen, unter denen es so etwas wie „Spiritualität" wirklich geben sollte. Wenn dieser Satz gesagt wird, dann ist von vornherein keine „privatistische Engführung" des christlichen Denkens und Lebens in der Kirche gemeint. Schon darum nicht, weil diese „Spiritualität" nicht nur die selbstlose Liebe zum nahen und fernen Nächsten einschließt, sondern diese Liebe heute selbstverständlich nicht nur im Bereich des Privaten, sondern auch als wirklicher Kampf um mehr Gerechtigkeit und mehr Freiheit in der Gesellschaft geübt werden muß und nur dann wirklich christliche Liebe und nicht introvertierte Pflege der eigenen schönen Seele ist. Dies aber vorausgesetzt im Verweis auf das, was später noch ausdrücklicher zu sagen ist, muß gesagt werden, daß die Kirche eine „spirituelle" Kirche sein muß, wenn sie ihrem eigenen Wesen treu bleiben soll. Das bedeutet aber nicht bloß die Ablehnung eines – letztlich atheistischen – „Horizontalismus", sondern vor allem zunächst einmal, daß die Kirche heute ihre eigenen spirituellen Kräfte neu entdecken und aktualisieren muß. Wir sind doch, wenn wir ehrlich sind, in einem schrecklichen Maße eine spirituell unlebendige Kirche. Die lebendige Spiritualität, die es natürlich auch heute noch gibt, hat sich doch in einer seltsamen Weise aus der Öffentlichkeit der Kirche in (soziologisch gesehen) kleine Konventikel der „noch Frommen" zurückgezogen und versteckt. In der Öffentlichkeit der Kirche herrschen in einem erschreckenden Maße auch heute noch (bei allem guten Willen, der nicht bestritten werden soll) Ritualismus, Legalismus, Administration und ein sich allmählich selber langweilig werdendes und resignierendes Weiterfahren auf den üblichen Geleisen einer spirituellen Mittelmäßigkeit. Ich möchte schon hier noch etwas deutlicher werden. Ich rechne auch mich zu den „Kirchenbeamten". Ich meine mit diesem Wort nichts Abträgliches. Ich nenne nur in diesem Zusammenhang mich und viele andere so, um klarzumachen, daß wir Priester und Bischöfe eben durch unseren Beruf dauernd schon vorprogrammiert und abgestützt sind durch gesellschaftliche Voraussetzungen, die mit der Gewohnheit unseres Berufes, mit dem Lebensverdienst, den er gewährt, mit der Umgebung, in der wir leben, uns das Christentum leicht, fast zu leicht machen. Diesen Kirchenbeamten sage ich (und werfe damit natürlich auch einen dicken Stein in mein eigenes Glashaus): stellt euch einmal mit ein wenig existentieller Phantasie vor, ihr wäret keine Kirchenbeamten, ihr würdet auf der Straße spazieren gehen mit einem Brotverdienst wie ein Straßenkehrer oder wie (wenn das besser gefällt) ein Wissenschaftler in einem Labor für Plasmaphysik, wo den ganzen Tag lang nie ein Wort von Gott fällt und doch stolze Erfolge erzielt werden. Stellt euch vor, euer Kopf sei müde vom Straßenkehren oder von der Molekularphysik und ihrer Mathematik. Stellt euch vor, diese eure Situation dauere schon so ungefähr ein Leben lang und geschähe nicht aus eurer missionarischen Herablassung heraus. Und jetzt versucht, diesen Menschen dieser Umgebung die Botschaft des Christentums zu sagen, die Botschaft Jesu vom ewigen Leben zu predigen. Horcht zu, wie ihr sie sagt, schmeckt selbst, wie sie klingt, denkt nach, *wie* ihr sie sagen müßtet, damit sie nicht von vornherein nur auf eine solche Ablehnung stößt, wie sie dem in solcher Umgebung begegnen muß, der da von tibetanischer Medizin erzählen wollte. Was würdet ihr in dieser Umgebung sagen? Wie das Wort „Gott“ zunächst einmal umschreiben? Wie von Jesus so sprechen, daß ein anderer einigermaßen ahnen kann, was er für eine Bedeutung in eurem Leben hat, eine reale Bedeutung, eine Bedeutung, die in dem Leben auch etwas ausmacht, das diese anderen führen? Würden uns nicht viele Worte im Hals steckenbleiben, die wir, ohne uns selbst über uns zu wundern, ohne weiteres von der Kanzel herunter predigen? Würdet ihr dann euch auch so leicht auf den Denzinger berufen? So viel und erbittert über Dinge reden, die ihr selber nicht zum innersten Kern eurer Botschaft rechnet? Und so wenig von den Dingen, die, wenn einer heute neu glauben soll, er zuerst einmal begriffen haben muß? Sagt nicht, ihr sprecht eben zunächst einmal zu den schon Glaubenden! Diese sind, wenn sie nicht ebenso behaglich wie ihr in der untergehenden geistigen Situation einer Volkskirche leben, ebenso bedroht von jenem Nichtglaubenkönnen, dem ihr euch nicht radikal und mutig neu stellt. Sagt nicht, ihr seid eben nicht in jener Situation, in die ihr euch mit dieser existentiellen Phantasie, die heute jedem Prediger anstünde, versetzen sollt. Gewiß: diese Situation, in der wir faktisch sind, noch sind, ist auch eine Gnade Gottes, die Konkretheit der Form der Glaubensgnade, die uns, aber nicht den vielen anderen, zuteil geworden ist. Aber es ist eine gefährliche Gnade, eine Gnade, die man mißbrauchen kann in Trägheit und Spießbürgertum binnenchristlicher Art. Und ein Prediger sollte um die Gnade der genannten existentiellen Phantasie beten, damit er wirklich predigen kann, wie es heute notwendig wäre: langsam, vorsichtig, behutsam, Schritt für Schritt selbst sich vortastend zu jener Wirklichkeit, für die er schon immer zu viele Worte parat hat, bescheiden, eher bekümmert, wie schwer es ist, den wirklichen Glauben und nicht nur seine historischen und gesellschaftlichen Objektivationen und Relikte zu bezeugen. Versucht nicht zu trösten, wo nichts zu trösten ist. „Löst" nicht die Lebensprobleme, wenn doch unsere einzige letzte Lösung in der Unbegreiflichkeit Gottes, seines Wesens und seiner Freiheit besteht! Vergeßt nicht beim Predigen, daß wir Menschen alle durch eine Enge hindurch müssen (Tod genannt), die tausendmal enger ist als das Loch, das ein Laserstrahl bohren kann, und wir nicht wissen, d.h. uns vorstellen können, was da von uns wirklich durchgehen kann, daß wir hoffen gegen alle Hoffnung, getrost sind (Wie macht man das? Sagt es!) in aller Verzweiflung. Baut nicht darauf, daß es natürlich auch unter den „Heiden" Blumenkinder gibt, die noch so naiv sind wie wir Christen, solange es uns gut geht und Vietnam und die Napalmbomben weit weg sind. Denkt daran, daß unsere Zuhörer zwar wie wir selbst gern so bürgerlich und konsumfreudig leben, so abgesichert (bis der Tod kommt, den man heute nur noch in aseptischen Krankenhäusern bei uns erleiden darf, wo jeder jeden im Stich läßt), aber dennoch mißtrauisch und ungläubig sind und bleiben, wenn wir von dieser Position aus predigen! Habt ihr aus der wahren, unverfälschten Situation heraus schon einmal in der Freude des Heiligen Geistes gesprochen (ich sage nicht, was ich mir selbst auf diese Frage antworte)? Gesteht: seid ihr nicht froh, daß man meist aus dieser Situation heraus von uns gar keine Antwort erwartet? Uns erst am Grabe wieder reden läßt, wo es feierlich hergehen soll, nachdem der erste Schock von den anderen schon wieder überwunden ist und der Skandal der Tatsachen auch bei den Heiden schon wieder verdrängt wird? Habt ihr schon einmal den Schrecken erfahren, daß euer Herz stillsteht, wenn ihr euch selbst zuhört und eure Worte, die frommen und theologisch gelehrten, euch selbst wie ein unerträgliches Blabla zu klingen scheinen? Seid ihr schon einmal ehrlich durch dieses Inferno hindurchgekommen?

Wo wird mit feurigen Zungen von Gott und seiner Liebe gesprochen? Wo wird von den „Geboten“ Gottes nicht als von einer mühselig zu respektierenden Pflicht, sondern von ihnen als der herrlichen Befreiung des Menschen von versklavender Lebensangst und von frustrierendem Egoismus geredet? Wo wird in der Kirche nicht nur gebetet, sondern das Gebet auch als pfingstliche Gabe des Geistes, als herrliche Gnade erfahren? Wo gibt es über alles rationale Andozieren der Existenz Gottes hinaus eine Mystagogie in die lebendige Erfahrung Gottes, die aus der Mitte der eigenen Existenz aufsteigt? Wo in den Priesterseminaren werden noch die alten Klassiker des geistlichen Lebens mit der Überzeugung gelesen, daß sie uns auch heute noch etwas zu sagen haben? Wo wird die Logik der existentiellen Entscheidung verstanden, in der über alles bloß „sachgerechte“ Räsonnement hinaus der Mensch nach dem gerade für ihn geltenden, je einmaligen Willen Gottes fragt? Wo lassen wir uns darüber belehren, daß alles gesellschaftskritische und gesellschaftspolitische Engagement, das heute als Kampf für mehr Freiheit und Gerechtigkeit heilige Pflicht der Christen und der Kirche ist, eine geheime Spiritualität in sich birgt oder bergen müßte, weil es für den Christen herauswächst aus jener innersten, absoluten Verpflichtung, die den Menschen vor Gott stellt, ob er dies reflektiert oder nicht? Die beschaulichen Klöster mögen auch heute noch ihren Nachwuchs haben. Aber empfinden wir diese „beschaulichen“ Menschen als solche, die wirklich zu uns gehören, die eine Haltung repräsentieren, die auch in unserem Leben gar nicht fehlen darf, wenn wir wirklich Christen sein wollen, die Haltung, in der ein Mensch wirklich das unsagbare Geheimnis seines Lebens anbetend und liebend annimmt in einem Akt auch der Entsagung, die über alle angebbaren Güter dieses Lebens hoffend hinweggreift auf die Verheißung hin, die keinen Namen mehr hat, die den Tod als den Sieg und den Aufgang des ewigen Lebens annimmt? Wo gibt es denn noch die „geistlichen Väter“, die christlichen „Gurus“, die das Charisma einer Einweisung in die Meditation, ja in eine Mystik haben, in der das Letzte des Menschen, seine Vereinigung mit Gott, in einem heiligen Mut angenommen wird? Wo sind die Menschen, die den Mut haben, Schüler solcher geistlichen Väter zu sein? Ist es denn eigentlich selbstverständlich, daß es ein solches Meister-Schüler-Verhältnis nur noch sakularisiert in der Tiefenpsychologie gibt? Gestehen wir uns doch unsere Armut an Spiritualität in der heutigen deutschen Kirche ein. Diese Armut kann durch ein solches Eingeständnis zwar nicht in Reichtum verwandelt werden; wir wissen auch dann nicht genau, wie eine reichere Spiritualität der Zukunft konkret aussehen wird, zumal sie ja auch der Reichtum der Armen sein kann, die nach Gottes Erbarmen verlangen. Aber ein solches Eingeständnis der spirituellen Armut im privaten und öffentlichen Leben der Kirche könnte doch vielleicht Raum schaffen für den als berechtigt anerkannten Mut, nach neuer Spiritualität zu suchen, damit sich diese nicht immer entschuldigen muß, daß sie „auch noch" wie ein Relikt aus früheren Zeiten der Kirche existiert, während in Wirklichkeit ohne sie die Kirche ein solches Relikt aus früheren Tagen werden würde.

Die Kirche muß also die Kirche des Mysteriums und der evangelischen Freude erlöster Freiheit bleiben. Sie darf nicht zu einem humanitären Wohlfahrtsverein depravieren, schon darum nicht, weil der Mensch sich auf die Dauer gar nicht selber aushält, wenn er nicht in die offene Freiheit Gottes erlöst ist. Nur wenn der Mensch weiß, daß er unendlich mehr ist als unmittelbar greifbar ist, nämlich der Mensch des unendlichen Gottes von schrankenloser Freiheit und Seligkeit, kann er sich auf die Dauer wirklich ertragen. Sonst erstickt er langsam in seiner eigenen Endlichkeit, und alle hohe Rede über die Würde und die Aufgabe des Menschen wird immer verlogener klingen. Darum hat es die Kirche im ersten und im letzten mit Gott zu tun. Zwar ist mit diesem Wort Gott schon unsagbar viel Mißbrauch getrieben worden. Zwar ist dieses Wort das am wenigsten begreifliche. Sein wirklicher Inhalt als des unsagbaren Geheimnisses, durch das der Mensch immer überfordert wird, das er nie in das Kalkül seines Lebens als einen fixen Posten einsetzen kann, muß immer neu durch alle Höhen und Abgründe der menschlichen Erfahrung hindurch erahnt und erlitten werden. Aber so muß die Kirche von Gott reden. Nicht um sich und den Menschen von Aufgaben zu dispensieren, die der Mensch selber lösen muß, nicht um ein Opium *des* Volkes bereitzuhalten, das sich doch selbst seine Aufgabe stellt und erfüllt und so um immer neue und, wenn möglich, immer größere Freiheit von aller Selbstentfremdung kämpft. Von Gott muß geredet werden, um ihm die Ehre zu geben. So und nur so wird die Botschaft von Gott ihre befreiende Macht zeigen können. Wird aber Gott um seiner selbst willen bekannt, gehofft und geliebt, wird er gerühmt als der, dessen selige Unendlichkeit sich dem Menschen selbst in der Gnade des Heiligen Geistes zu eigen geben will, dann wird der Mensch wahrhaft ein Mensch der unbedingten Hoffnung gegen alle Hoffnung, wird der ein Mensch einer letzten Freiheit, der gerade so ohne einen letzten Vorbehalt für die anderen dasein kann, wird er ein Mensch, der trotz aller Erfahrung seiner Begrenztheit und egoistischen Schuld finden kann, daß diese verzweifelt dunkel scheinende Welt, die unsere eigenen Ideale immer wieder ad absurdum zu führen scheint, dennoch gut ist und in einem letzten Vertrauen angenommen werden kann. Wir in der Kirche reden zu wenig von Gott oder tun es in einer dürren Indoktrination, der eine wirklich lebendige Kraft fehlt. Wir haben zu wenig die unbegreiflich hohe Kunst einer echten Mystagogie in die Erfahrung Gottes gelernt und wenden sie darum auch viel zu wenig an. Wir haben darum auch das Empfinden, gegenüber dem weltweiten Atheismus einfach nur in der Defensive zu sein. Dieser im allerletzten doch falsche Eindruck kommt ja auch zum guten Teil daher, daß wir die *geheimnisvolle* Anwesenheit Gottes und deren Geschichte, weil beide unseren Erwartungen nicht entsprechen, was ja eigentlich selbstverständlich ist, als Abwesenheit Gottes interpretieren oder gar eine Gott-ist-tot-Theologie zusammenbasteln und dabei gar nicht wissen, was eigentlich mit dem Wort „Gott" gemeint ist. Wenn wir von Gott sprechen, als ob er der Nothelfer in unseren Lebenssituationen auf *die* Weise sein müsse, wie wir es gerne haben möchten, dann können wir natürlich nur noch feststellen, daß ein solcher Gott in der Welt nicht vorkommt und vermutlicherweise gestorben ist. Aber dieser Gott, der es uns erspart, vor seiner Unbegreiflichkeit zu kapitulieren, um selig zu werden, war noch nie der Gott des Christentums dort, wo es sich selber recht verstand. Wo aber der Mensch in einer letzten Hoffnung sich bedingungslos dem wahren Gott über alle kalkulierbaren Einzelwirklichkeiten hinaus übergibt, da kommt er wirklich in seine letzte Freiheit hinein, die von Gott selbst erfüllt ist und auch dann schon eine geheime Seligkeit in sich trägt, wenn wir verzweifelt mit uns und dieser Welt nicht mehr fertig werden.

Solange dieses alles Theorie bleibt und von uns so gepredigt wird, als ob es nur eine schlaue utopische Ideologie sei, auf die man sich im wirklichen Leben vorsichtigerweise doch nicht einläßt, erlöst und befreit die Botschaft von Gott natürlich nicht. Diese Botschaft muß im Leben ohne Rückversicherung gewagt werden, dann zeigt sie, daß sie trägt und befreit. Erst wenn diese Botschaft vom lebendigen Gott in den Kirchen mit aller Kraft des Geistes gepredigt wird, wird der Eindruck verschwinden, die Kirche sei doch nur ein seltsames Relikt aus den Zeiten einer Gesellschaft, die zum Untergang verurteilt ist. Nur wenn wir es fertigbringen, zu begreifen und zu leben, daß Gott nicht unsere langsam als solche durchschaute Projektion, sondern wir selbst die in Eigenstand und Freiheit gesetzte Projektion Gottes sind, nur wenn uns dies gelingt, indem wir arglos und vertrauend entdecken, daß insgeheim unser Erstes und Letztes in uns immer schon so denkt und lebt und man sich darum auch in Freiheit darauf einlassen kann, erfahren wir die befreiende und seligmachende Macht der Botschaft vom lebendigen Gott, von seiner erlösenden Gnade, von seiner Vergebung und von seiner uns vergöttlichenden Liebe, die keine Frage mehr stellt, weil sie selbst die eine Antwort ist.

Ein zweites muß in der Kirche echter Spiritualität lebendig verkündet werden: Jesus. Das heißt der Glaube, daß in der Geschichte unseres Lebens und der Welt in ihm die absolute Selbstzusage Gottes als des uns befreienden Lebens für uns greifbar und für immer festgemacht ist, in ihm, dem in den Tod Gegebenen und endgültig von Gott Angenommenen und Lebenden. Bei der Verkündigung dieses Jesus als dessen, der in diesem Sinn unser Herr ist, sollte man sich darüber klarsein, daß einerseits in diesem eben angedeuteten Ansatz für ein christliches Glaubensverständnis von Jesus schon die ganze traditionelle und verpflichtend bleibende Christologie gegeben ist und daß anderseits heute eine solche Christologie, soll sie wirklich verstehbar und glaubwürdig erscheinen, nicht einfach und allein in einer Aussage einer „Deszendenzchristologie" bestehen kann, sondern ansetzen muß bei der Erfahrung des Jesus, der in einer radikalen Liebe zu Gott und den Menschen das Scheitern seines Lebens und seiner Sendung gehorsam annahm *und* gerade so als der in Gottes Leben endgültig Aufgenommene glaubwürdig wurde *und* so für uns das unüberbietbare Wort der Selbstzusage Gottes an uns geworden ist. Es ist hier nicht der Ort, darzulegen, daß von einem solchen Ansatzpunkt aus die kirchenlehramtliche und verpflichtend bleibende Christologie erreichbar und auch in ihrem wahren Sinn verstehbar ist. Aber es sollte doch betont werden, daß es ein gemeinsames Bekenntnis der Christen zu Jesus Christus geben kann und gibt, das vielen kirchenamtlichen, aber für viele heute schwer verständlichen christologischen Aussagen vorausliegt. Wenn man einerseits bei dieser ursprünglichsten, in etwa noch vormetaphysischen Christologie ansetzt und darüber eine Gemeinsamkeit erzielt, und wenn man anderseits erreicht, daß sich die gegen metaphysische Formulierungen der Christologie allergischen Christen wenigstens bescheiden offenhalten für die traditionelle Formulierung der kirchlichen Christologie, dann könnte doch eine sehr breite (was nicht heißt: einfach allgemeine) Übereinstimmung unter denen erzielt werden, die sich Christen nennen wollen. Und umgekehrt könnte das Bekenntnis zu Jesus als dem Christus und dem Herrn, dem entscheidenden und letzten Wort Gottes in der Geschichte, lebendiger, froher und unbefangener werden.

Durch dieses zweieine Bekenntnis zu Gott und zu Jesus, dem Wort der Selbstzusage Gottes in der Geschichte, kann und muß die Kirche die Kirche des Mysteriums und der evangelischen Freude erlöster Freiheit sein, bleiben und immer besser werden, eine Kirche wirklicher Spiritualität.

DRITTER TEIL

Wie kann eine Kirche der Zukunft gedacht werden?

Wir fragen im 3. Teil unserer Überlegungen: Wie kann eine Kirche der Zukunft gedacht werden? Daß eine solche Frage bei der Offenheit und Unplanbarkeit der Zukunft im letzten gar nicht beantwortet werden kann, ist selbstverständlich. Dieser 3. Teil unterscheidet sich insofern vom 2. Teil, als nun der Blick in eine etwas weitere Zukunft geht, nicht nur Forderungen angemeldet werden, die eigentlich immer schon unmittelbar aktuell sind, sondern einiges vorauszusehen versucht wird, das gewiß nicht von heute auf morgen verwirklicht werden kann, aber doch mit Entschlossenheit und Voraussicht angebahnt werden sollte. Dabei ist es unvermeidlich, daß einerseits manches gesagt wird, was schon im 2. Teil gestreift wurde, und andererseits das, was an Forderungen für eine fernere Zukunft angemeldet wird, auch schon eine Bedeutung für die Gegenwart hat.

Wenn nun für die Beantwortung unserer dritten Frage einige konkrete Antworten versucht werden sollen, dann ist es nicht zu vermeiden, daß dabei manches wiederholt wird, was schon im zweiten Teil der Überlegungen gesagt wurde. Dies kann sogar nützlich sein. Wir brauchen bei solchen Antworten auch nicht ängstlich darauf zu achten, ob sie mehr formaler oder materialer Inhaltlichkeit sind, ob sie also mehr eine Haltung oder mehr einen konkreten Gegenstand fordern.

1. Offene Kirche

Wir müssen in Zukunft nicht nur eine Kirche der „offenen Türen", sondern eine „offene Kirche" wagen. Wir können weder im Getto bleiben, noch dürfen wir dahinein zurückkehren. Wer das zweifellos gegebene, teils nicht vermeidbare, teils vermeidbare Durcheinander, das man gar nicht ableugnen soll, in der Kirche in allen Dimensionen der Lehre und der Praxis erlebt und erleidet, der ist gewiß in Versuchung, sich nach der Kirche zurückzusehnen, die wir Älteren unter den vier Pius und bis zum letzten Konzil erlebt haben. Man ist dann versucht, in einer Bewegung „für Papst und Kirche" und durch ähnliche Mittel einer eben doch im letzten sterilen Pseudoorthodoxie die Kirche zu „reinigen", möglichst rasch und eindeutig durch administrative Maßnahmen Grenzen zu ziehen, zu „restaurieren", kurz und gut, den Marsch ins Getto anzutreten, auch wenn dann die Kirche nicht eine „kleine Herde" des Evangeliums wird, sondern im Grunde eine Sekte mit einer Gettomentalität. Natürlich wird kein ernsthafter Kirchenmann einen solchen Marsch ins Getto in thesi explizit vertreten. Aber es gibt doch bei uns genügend Indizien, daß eine unreflektierte Gettomentalität ohne eine ausdrückliche Lehre eine solche Gestalt der Kirche sucht, um Klarheit, Ordnung, Frömmigkeit und Orthodoxie zu retten, die religionssoziologisch und geistespolitisch die einer Sekte ist. Eine solche Sekte ist dann gegeben, wenn der ganz überwiegende Teil einer solchen gesellschaftlichen Gruppe faktisch oder absichtlich aus dem öffentlichen Leben der Gesellschaft ausscheidet, nur noch protestiert, nur noch eine Welt um sich sieht, die im argen liegt, deren innerweltliche Ziele und Aufgaben einen wenigstens *als* Mitglied dieser sektiererischen Gruppe nicht mehr interessieren, deren Lebensstil mit möglichst vielen Tabu-Verboten belegt wird, wenn man möglichst viel vom Leben, soweit man es doch führen muß, innerhalb der Sekte autark zu bieten sucht, wenn man diejenigen, die nicht zu dieser Gruppe gehören, wie selbstverständlich als mehr oder weniger gefährliche Feinde betrachtet, wenn man immer und in jedem Fall genau weiß, welche politische Partei von einem Mitglied dieser Sekte zu wählen sei, wenn man der Meinung huldigt (natürlich ohne es zuzugestehen), daß man auf alle neu auftauchenden Fragen sehr rasch eine Antwort parat habe, z.B. genau wisse, welche Literatur und Kunst einem christlichen Empfinden gemäß sei und welche nicht, wenn man auf die Äußerungen des kulturellen Lebens der Gesellschaft schon gleich zu Beginn und eigentlich nur unter moralischen Gesichtspunkten (oder solchen, die man dafür hält) reagiert, wenn man gegen Kritik in den eigenen Reihen und zumal Amtsträgern gegenüber überempfindlich ist, nur zu schnell und zu gern an eine geschlossene Einigkeit appelliert, damit man den „Feinden" gegenüber bestehen könne. Wenn und insofern die Kirche keine solche Sekte sein oder werden darf, muß sie eine offene Kirche werden und bleiben.

Zunächst ist einmal bezüglich der Rechtgläubigkeit zu sehen, daß eine Kirche auch in dieser Hinsicht eine offene Kirche sein muß. Ich erlaube mir, wegen der Wichtigkeit der Sache nochmals ein Thema aufzugreifen, von dem schon die Rede war. Natürlich gibt es eine für ein Mitglied der Kirche grundsätzlich und an sich verpflichtende Glaubenslehre. Natürlich kann und muß die Kirche, wenn in der Öffentlichkeit ein Dogma ihrer Lehre geleugnet oder als unbedeutend bagatellisiert wird, eine eindeutige Sprache sprechen und der Häresie in der Kirche selber machtvoll wehren. Aber dazu sind gleich zwei Dinge zu sagen.

Zunächst einmal muß es sich bei solchen Grenzziehungen um wirkliche Dogmen handeln, oder es muß, wenn darüber hinaus, was durchaus möglich ist, abwehrende Maßnahmen gegen Gefahren für die Rechtgläubigkeit für angezeigt erachtet werden, auch ausdrücklich gesagt werden, worum es sich handelt, es muß m.a.W. die theologische Qualifikation einer solchen Erklärung deutlich angemerkt werden.

Es ist nicht so leicht, genau zu sagen, wie es vielen guten Christen vorkommt, was eigentlich mit „Gott" gemeint sei. Man kann orthodoxe Formeln der Christologie wiederholen, sich dadurch zu selbstsicher als orthodox vorkommen und hat für viele Leute von heute nur Leerformeln gesagt, für Leute, denen man durchaus ein Verständnis für das christliche Bekenntnis zu Jesus vermitteln könnte; man hat gewiß das Entscheidende über Jesus Christus noch nicht gesagt, wenn man von ihm lyrisch oder erbittert erzählt, er habe doch mit Zöllnern und Dirnen gegessen, aber es ist auch nicht so, daß diese Tatsache uns heute nichts mehr zu sagen habe; es ist nicht so einfach, genau zu sagen, wann eine Theologie der Einheit von Gottes- und Nächstenliebe wirklich zu einer Verdrängung Gottes durch den Menschen allein führt; man darf nicht unterschlagen, daß das kirchliche (und nur kirchliche!) Gebot einer jährlichen Beichte nur für diejenigen als verpflichtend gilt, die sich einer auch subjektiv realisierten schweren Schuld bewußt sind; man hat kein Recht, als sicher zu behaupten, daß im Christenleben ein solcher Fall der normale sei; man kann nicht behaupten, daß eine Regelung der Mitwirkung der Laien an den Entscheidungen des Amtes immer und in jedem Fall dann schon gegen das bleibende Verfassungsrecht der Kirche sei, wenn eine solche Mitwirkung und Zustimmung für die Amtsträger verbindlich gilt. Man kann nicht sagen, es sei von vornherein unmöglich, daß das geltende Verwaltungsrecht in der Kirche auch Züge unchristlicher und inhumaner Art an sich trage; es ist nicht von vornherein unchristlich und unfromm, wenn man sich fragt, ob nicht auch die Zölibatsgesetzgebung der Kirche geändert werden könne und bei der pastoralen Situation der Kirche in der Zukunft auch müsse.

Es ist kein Dogma, daß eine Bußandacht keinen sakramentalen Charakter haben könne; es steht nicht so ganz genau fest, wo die Grenzen für eine offene Kommunion liegen; es ist nicht klar, daß wiederverheiratete Geschiedene nach einer ersten sakramentalen Ehe in *keinem* Fall zu den Sakramenten zugelassen werden können, solange sie an der zweiten Ehe als solcher festhalten; man darf das Sonntagsgebot nicht so empfehlen, als ob es am Sinai als ein für immer geltendes göttliches Gebot verkündet worden sei; welche Möglichkeiten auch für ein christliches Gewissen hinsichtlich der *staatlichen* Strafgesetze gegen den Schwangerschaftsabbruch gegeben sind, ist auch nicht so klar, wie man manchmal tut; da keine konkrete Partei in allem und jedem so ganz christlich ist und eine Partei auch durch sehr gravierende Sünden der Unterlassung sehr sanft, aber der Sache nach doch auch sehr massiv unchristlich handeln kann, ist es auch nicht so einfach, zu sagen, wann eine Partei für einen Christen und Katholiken nicht mehr wählbar ist.

Der Mut, eindeutige Grenzen zu wirklichen Häresien in der Öffentlichkeit der Kirche zu ziehen, muß mit einer sehr genauen und selbstkritischen Reflexion darauf gepaart sein, *wo* wirkliche Häresie ist, gegen die sich zu entscheiden die Kirche von einem Katholiken wirklich verlangen kann.

Ein zweites ist zu sagen. Wo und wann das kirchliche Amt

entsprechend seiner Aufgabe und Pflicht sich gegen eine wirkliche Häresie eindeutig ausspricht, sollte dies, schon weil sonst praktisch eine solche Erklärung in den meisten Fällen heute ineffizient wird, nicht durch eine bloße Berufung auf die (an sich legitime) formale Lehrautorität des kirchlichen Lehramtes allein geschehen, sondern in der Macht des lebendigen Geistes des Glaubens, der sich bemüht, das zu verteidigende Einzeldogma auch wirklich von der innersten Mitte des christlichen Glaubens her zu begründen. Sonst überstrapazieren solche Erklärungen die formale Lehrautorität des Lehramtes und bleiben unwirksam, weil ja in der konkreten Mentalität der Adressaten solcher Erklärungen die verpflichtende Autorität des Lehramtes meist nicht allzu unerschütterlich feststeht, sondern genauso bedroht ist wie das hier und jetzt zu verteidigende Einzeldogma, dessen Verteidigung für diese Mentalität dann eher wieder zu einem Argument gegen die Lehrautorität der Kirche im allgemeinen wird, wenn es nicht aus jenen Grundüberzeugungen heraus lebendig begründet wird, die auch diese Adressaten noch teilen.

Darüber hinaus aber ist hinsichtlich der eindeutigen Rechtgläubigkeit der konkreten Kirche noch folgendes zu sagen, um zu verstehen, warum und wie man auch hinsichtlich des „orthodoxen" Glaubens von einer offenen Kirche reden kann. Es wäre pastoral und pastoraltheologisch über den bekannten Unterschied von öffentlicher und geheimer Häresie hinaus, der weithin gar nicht mehr wirklich praktikabel ist, heute zu bedenken, daß viele Christen und Katholiken, die in ihrer Kirche leben und darauf Wert legen, bei dem geistigen Pluralismus und dem Überangebot von Bewußtseinsinhalten heute davor gar nicht völlig bewahrt werden können, Meinungen zu haben, die objektiv Häresien sind, daß ferner diese vielen Christen und Katholiken in einem Verhältnis zum Lehramt der Kirche und zu dessen Autorität stehen, das den grundsätzlichen Erfordernissen des amtlichen Kirchenverständnisses und der Kirchenzugehörigkeit nicht entspricht, sondern eine nur partielle Identifikation mit der Kirche bedeutet. Es gibt heute, gemessen an der an sich grundsätzlich verpflichtenden Glaubenslehre der Kirche, „innerkirchliche" Häresien, die von Menschen gelebt und auch geäußert werden, die weder selbst aus der Kirche auswandern wollen noch vom Amt der Kirche praktisch auf ihre Häresien festgelegt werden können (durch Exkommunikation usw.). Aus den eben nur angedeuteten Gründen gesellschaftlicher und psychologischer Art sind solche innerkirchlichen Häresien faktisch gar nicht ausrottbar. Sie stellen das Amt in der Kirche und die Seelsorger vor Probleme, die es früher in diesem Maß und dieser Stärke praktisch nicht gab. Diese Tatsache ist zunächst in ihrer faktischen Unüberwindbarkeit auch vom Amt in der Kirche bei seinen Maßnahmen nüchtern zu sehen und einzukalkulieren, auch wenn dies kein positives Einverständnis des Amtes mit dieser Tatsache bedeutet: der Durchschnitt der Menschen von heute wird es in der geistigen Situation, in der er leben muß, nicht zu einer auch objektiv häresiefreien Mentalität bringen. Dagegen hilft auch nicht allein die Berufung auf eine fides implicita, weil ja auch deren Voraussetzung, eine grundlegende Entschlossenheit grundsätzlicher Art, in jedem Fall seine Überzeugung unbedingt nach der kirchenamtlichen Lehre auszurichten, ebenso bedroht ist. Der Durchschnitt der Menschen von heute läßt sich *praktisch* vom Amt der Kirche nicht vor das Entweder-Oder stellen, solche „Häresien" bedingungslos aufzugeben oder aus der Kirche auszuwandern bzw. sich als von ihr innerlich (theologisch), wenn auch nicht religionssoziologisch und bürgerlich getrennt zu betrachten. Da es praktisch unmöglich ist, alle heute bei theologisch ungebildeten Gebildeten (und gebildet in irgendeinem Maße werden heute langsam alle) gegebenen Bewußtseinsinhalte logisch und menschlich miteinander zu versöhnen und alle Widersprüche zwischen ihnen zu bereinigen, weil dafür einfach Zahl und Unübersichtlichkeit der Bewußtseinsinhalte heute zu groß geworden sind, wird der normale Mensch heute in der Kirche ein solches ihm vom Amt der Kirche zugemutetes Entweder-Oder einfach nicht realisieren können, sosehr es an sich objektiv gegeben ist.

Zu dieser Tatsache mögen hier, bevor wir die hier eigentlich interessierende Konsequenz ziehen, zwei Bemerkungen gestattet sein. Einmal ist zu sehen, daß diese vom objektiven Dogma abweichenden Meinungen in den Köpfen der meisten Kirchenmitglieder gar nicht immer und notwendig jene frei und fest angenommene Überzeugung darstellen, die beim Begriff der (in einem Subjekt gegebenen) Häresie meist stillschweigend vorausgesetzt wird und die die Voraussetzung für eine solche Überzeugung ist, die man wirklich Häresie nennen kann, sondern zu den fluktuierenden „Meinungen" gehören, die man vorläufig hat, ohne sie absolut zu setzen. Solche so gearteten Meinungen sind für das heutige geistige Leben auch bei den normalen Menschen eigentlich eine Selbstverständlichkeit, weil wir im Zeitalter der wissenschaftlichen Hypothesenbildungen, der vorläufig bis auf Widerruf angenommenen Meinungen der Wissenschaften leben, deren eigentliche Siege in der Erkenntnis der Falschheit bisher hypothetisch angenommener Meinungen und nicht so sehr in der Erkenntnis der schlechthinnigen Richtigkeit der neuen Meinung bestehen. Solche so verstandenen und gelebten Meinungen stehen aber nicht eigentlich (logisch und existentiell) im *häretischen* Widerspruch zum eigentlichen Glaubensakt und seinem Inhalt, vorausgesetzt, daß dieser bezüglich der eigentlichen Glaubenssubstanz des Christentums absolut ist, was freilich dieser hier zu Frage stehende Mensch konkret nicht notwendig noch einmal reflektieren muß. Zweitens können die amtlichen Vertreter der kirchenlehramtlichen Lehre solche Leute darauf hinweisen, daß es mindestens einmal unklug sei, die eigene Meinung, die wenigstens nach dem Urteil des Amtsträgers und des Theologen objektiv mit dem Dogma nicht vereinbar ist, zu apodiktisch zu setzen, daß es besser sei, diese Meinung in jener doch auch sonst heute im geistigen und wissenschaftlichen Leben selbstverständlichen Weise als eine vorlaufige, eventuell denkbare, aber längst nicht sichere Ansicht zu betrachten, deren Schicksal bei einem selber man seiner doch noch im Gang seienden individuellen Wahrheitsgeschichte überlassen könne in einem offenen Vertrauen darauf, daß eine Versöhnung zwischen der kirchenamtlichen (aber vielleicht hier und jetzt von einem gar nicht wirklich recht verstehbaren) Lehre und der mit einem berechtigten Vorbehalt für bessere Einsicht vorläufig formulierten eigenen Meinung sich später ergeben werde, eine positive Versöhnung, die jetzt noch nicht gelingt.

Aus all dem ergibt sich, wie heute, theologisch gesehen, die Grenzen der Rechtgläubigkeit der Mitglieder der Kirche faktisch sehr schwer genau zu ziehen sind, wie jene Verhältnisse im Glaubensleben der konkreten Menschen der Kirche bestehen, die wir später beim Thema des Ökumenismus noch einmal zu bedenken haben. Theologisch ist nicht so leicht zu sagen, wer konkret und „subjektiv" wirklich seinem Glauben nach in der Kirche steht und wer nicht. Von daher schon ist die Kirche eine offene Kirche, ob sie es will oder nicht, ob sie darauf reflektiert oder es durch eine illegitime Vereinfachung der Situation zu übersehen sich bemüht.

Wenn man nun bedenkt, daß es vermutlich sehr viele Menschen gibt, die, ohne religionssoziologisch und bürgerlich der Kirche anzugehören, doch dieselbe Mentalität eines positiven Verhältnisses zur Kirche bei einer bloß partiellen Identifikation mit ihr haben, wie diejenigen Menschen, die wir eben bedacht haben, dann wird noch deutlicher, wie schwer es ist, genau festzulegen, wo die Tür der Kirche in einem theologischen und nicht bloß kirchensoziologischen Sinne steht, wer drinnen und wer draußen ist. Wir haben schon früher betont, daß mit all dem Gesagten nicht bestritten wird, daß die bürgerliche und religions- und kirchensoziologische Zugehörigkeit zur Kirche auch eine theologische Bedeutung hat. Weil diese allein aber eine volle Zugehörigkeit zur Kirche nicht konstituiert und weil sie, verglichen mit den anderen Konstitutiva der Kirchenzugehörigkeit, von erheblich geringerer Bedeutung, theologisch gesehen, als diese anderen sind (Taufe, voller Glaube, Gnadenstand, volle Selbstidentifikation mit der Kirche), darf man auch in der *Praxis* nicht so tun, als ob Katholiken und Nichtkatholiken als Glieder der Kirche einzig durch dieses kirchensoziologische Moment voneinander zu unterscheiden seien.

Was bedeutet diese Überlegung für die Praxis? Zunächst einmal müssen durch die Verkündigung der Kirche immer neue Anstrengungen gemacht werden, diejenigen, die gar nicht voll der Kirche zugehören, obwohl wir sie, weil „Praktikanten", als solche zu betrachten gewohnt sind, immer neu in die Kirche voll einzugliedern. Das ist heute konkret eine nie ganz und endgültig geleistete Aufgabe. Die Verkündigung muß den wirklichen Adressaten, den sie hat, deutlich und nüchtern sehen. Sie darf und braucht natürlich nicht immer explizit von dieser ihrer Absicht zu reden. Das wäre töricht und langweilig. Aber die wirklichen Voraussetzungen der Predigt beim Hörer müssen dem Prediger klarsein. Er darf darum z.B. nicht so tun, als ob er bei der Behandlung einer bestimmten engeren dogmatischen oder moraltheologischen Thematik sich nur auf die Autorität des kirchlichen Lehramtes berufen müsse, um Klarheit und Sicherheit zu schaffen, weil die Hörer ja katholisch seien und darum die Autorität des Lehramtes anerkennen. Es ist vielmehr so, daß jede Behandlung eines Einzelthemas der genannten Art von den letzten Grundüberzeugungen eines Christen, die man bei den Zuhörern wirklich voraussetzen kann, argumentiert werden und von daher immer neu die formale Lehrautorität der Kirche erst fundiert und verteidigt werden muß, die für die so begründete Lehre über das bestimmte Einzelthema eintritt.

Wir sollten weiterhin in einer unbefangenen Art und ohne zu viel dogmatische Ängstlichkeit in der Praxis die „Sympathisanten“ um die Kirche herum praktisch zu ihr rechnen und sie dies durch unser ganzes Verhalten ihnen gegenüber merken lassen, natürlich ohne sie dadurch einfachhin „vereinnahmen“ zu wollen oder bei ihnen den Eindruck zu erwecken, man wolle dies tun. Das bedeutet praktisch, daß man eine vernehmbare oder öffentliche Äußerung dieser „Sympathisanten“ darüber, daß sie sich nur partiell mit der Kirche oder sogar dem Christentum identifizieren können, ruhig und wohlwollend dulden kann. Man muß sich dabei freilich der konkreten Konsequenzen einer solchen Praxis bewußt sein, sie aber auch nicht zu sehr fürchten, einfach weil sie konkret heute und besonders in der Zukunft gar nicht mehr vermeidbar sind. Das will sagen, um es mit einem konkreten Vergleich deutlich zu machen: Die katholische Kirche wird in Zukunft auf uns, die Alten und Eingesessenen, einen ähnlichen Eindruck in der Dimension der kirchlichen Empirie machen, wie wir ihn früher – teils mit Recht, teils mit einiger Übertreibung – von der Evangelischen Kirche hatten, in der – nach unserem Eindruck – man so ungefähr alles sagen und öffentlich äußern konnte, was man wollte. Man muß zwar nicht fürchten, daß dieses „Durcheinander“ bei uns in der Zukunft allzu groß werde. Einfach darum nicht, weil wirklich dezidiert unchristliche Menschen von sich selber her aus der Kirche weit wegwandern werden, und nicht wirklich zu fürchten ist, daß der Versuch einer im letzten unchristlichen APO, die Kirche zu unterwandern und radikal umzufunktionieren, wirklich in irgendeinem beträchtlichen Maße versucht werde oder gelingen könne. Aber es wird in der Zukunft konkret und praktisch doch auch ein solcher Pluralismus in der Kirche sein und sich zu Wort melden, der, nach bloß dogmatischen Normen der amtlichen Kirche beurteilt, nicht einfach als legitim in dem Sinne anerkannt werden kann, wie man von einem legitimen Pluralismus kirchlich gleichberechtigter theologischer Schulen usw. sprechen kann.

Ein in diesem Sinne gemeinter, in seinen verschiedenen Komponenten dogmatisch nicht gleichberechtigter, aber faktisch gegebener Pluralismus in einer offenen Kirche braucht darum den eigentlichen Bestand einer dogmatisch festen und sich ihrer selbst bewußten Kirche nicht zu bedrohen, weil und insofern in ihr ein Amt gegeben ist, das den ganzen Bestand christlichen Glaubens hütet, fördert und immer vertritt, ohne darum auch immer und in jedem Fall den ausdrücklichen Versuch unternehmen zu müssen, dieser Lehre entgegenstehende oder sie bedrohende Stimmen in der Kirche und um sie herum einfach zum Schweigen zu bringen. Denn dies ist nicht nur, wie gezeigt, heute praktisch nicht möglich, sondern wäre missionarisch und taktisch unklug, weil man dadurch nur verhindern würde, daß viele Menschen, denen zunächst nur eine partielle Identifikation mit der Kirche gelingt, langsam zu einer volleren Selbstidentifikation mit der Kirche und ihrem Glauben kommen. Im Bild gesprochen: Es hat keinen Sinn und keinen Nutzen, einem, der bei der Kirche zunächst nur mit Vorbehalten einkehrt, in jedem Augenblick zu verstehen zu geben, daß er eigentlich nur geduldeter „Gast“ sei, aber nicht eigentlich volles Mitglied dieser Glaubensgemeinschaft und -gesellschaft. Natürlich kann sich erst durch eine mutige Praxis und durch unbefangen unternommene Experimente herausstellen, wie so etwas in der Kirche aussieht, die offen ist und doch nicht ein Allerweltsmarkt sein kann, auf dem alles gleichberechtigt ausgerufen und feilgeboten wird.

2. Ökumenische Kirche

Wir müssen eine Kirche einer ehrlich ökumenischen Zielsetzung sein. Das ist selbstverständlich und bedarf nach dem Zweiten Vatikanischen Konzil an sich keiner langen Begründung mehr. Es kann sich somit bei diesem Thema nur um einige sekundäre Bemerkungen handeln, die darum auch eine gewisse Subjektivität nicht vermeiden müssen.

Zunächst einmal sollte man das in der ökumenischen Bewegung bisher Erreichte nicht unterschätzen. Die christlichen Kirchen sind zwar immer noch getrennt, aber es ist doch in den letzten Jahrzehnten schon außerordentlich viel erreicht worden gegenüber dem Verhältnis der Kirchen zueinander, wie es noch bis in die von uns erlebte Zeit hinein bestand. Natürlich ist und bleibt die wirkliche Vereinigung dieser Kirchen immer noch ein hohes Ziel und eine unabdingbare Aufgabe aller Christen. Aber wenn man diejenige Einheit ins Auge faßt, die innerhalb der für uns greifbaren geschichtlichen Möglichkeiten besteht (und man sollte sich als Christ die ökumenische Aufgabe nicht dadurch allzu billig erleichtern, indem man behauptet, solche konkreten Möglichkeiten für eine wirkliche Einheit seien für eine realistische Einschätzung der Situation überhaupt nicht gegeben), dann wäre sie im Bereich des Empirischen gar nicht so viel anders als der Zustand, der jetzt schon erreicht ist. Dies aber beweist, wieviel schon wirklich erreicht ist. Denn in einer pluralistischen und die ganze Welt umfassenden Gesellschaft wird es nicht zu den realen Möglichkeiten in unserem Gesichtskreis gehören, daß wirklich alle diejenigen, die am Christentum interessiert und getauft sind und sich Christen nennen, auch alle institutionell zu einer und derselben Kirche gehören. Selbst wenn die institutionellen Großkirchen sich vereinigen werden oder würden, ist vorauszusehen, daß viele Christen außerhalb dieser erstrebten und auch an sich realisierbaren Einheit aus diesen Großkirchen bleiben werden. Entweder aus theologischen oder religionssoziologischen Gründen. Außerdem würde auch diese erstrebte und real mögliche Kircheneinheit einen sehr viel pluralistischeren Charakter haben, sowohl in theologischer wie auch in religionssoziologischer und institutioneller Hinsicht, als wir es bisher, wenigstens bis in die jüngste Zeit und in der katholischen Kirche gewohnt waren. Das gilt auch dann, wenn man der Überzeugung ist und dieser reale Geltung bewahren will, daß diese erstrebte eine Kirche nicht zustande kommen kann durch willkürliche Subtraktionen an dem geltenden katholischen Dogma, sondern nur durch ein echtes Neuverständnis des ganzen katholischen Dogmas nach vorne ohne Substanzverlust und durch eine lebendige Auseinandersetzung aller Kirchen mit der ihnen allen gemeinsamen geistesgeschichtlichen und gesellschaftlichen Situation von weltweiter Art, wie diese jetzt und immer dringlicher für die Zukunft gegeben ist. Begreift man aber eine mit diesen Einschränkungen und Eigentümlichkeiten mögliche Kircheneinheit realistisch, dann ist sie zwar noch nicht erreicht und bleibt eine dringliche Aufgabe, sie ist aber nicht so weit von dem heutigen Zustand der Ökumene entfernt, wie wir Katholiken diese Entfernung zu denken versucht sind, wenn wir die anzustrebende Einheit einfach mehr oder weniger als bloß quantitative Vergrößerung der katholischen Kirche durch die Einordnung der anderen Kirchen in sie begreifen würden. Der realistisch erreichbare Einheitszustand in seinem empirisch greifbaren Bestand ist dem heute ökumenisch schon erreichten Verhältnis der Kirchen zueinander nicht so unähnlich, wie man oft denkt, wenn man nämlich übersieht, daß die künftige Kirche auf jeden Fall in sich viel pluralistischer sein wird, als es unsere Kirche rechtlich und religionssoziologisch greifbar seit der Reformationszeit gewesen ist.

Das bedeutet eigentlich auch schon, daß eine Einheit von der genauen Art, wie wir sie bei uns gewohnt waren, weder realistisch angestrebt werden kann noch soll, weil sie weder realisierbar ist noch wirklich vom katholischen Dogma her gefordert wird. Eine real mögliche Union der Kirchen ist auf jeden Fall nicht dasselbe wie eine Einzelkonversion zur katholischen Kirche in zahlenmäßiger Vergrößerung. Sollen wir also unter einem bloßen weiteren Ausbau des bisher Erreichten uns mit dem jetzigen Zustand zufriedengeben? Genügt das jetzige freundschaftliche und achtungsvolle Verhältnis der getrennten Kirchen zueinander und eine natürlich auszubauende und zu intensivierende Zusammenarbeit in den Aufgaben, die die Kirchen der Welt gegenüber im Kampf für Gerechtigkeit, Freiheit und Menschenwürde wahrzunehmen haben? Gewiß nicht. Aber wie soll man wirklich noch weiterkommen können? Wenn wir einmal von der in einem anderen Zusammenhang zu behandelnden Frage des Papsttums absehen und wenn wir kein

Glaubensbekenntnis und keine Theologie der künftigen einen Kirche fordern, die die Zustimmung schlechthin aller Christen konkret finden kann und somit keine Christen außerhalb der einen Kirche mehr übrigläßt, dann scheinen mir auf dem Gebiet der theologischen Reflexion und also auch auf dem Gebiet des kirchlichen Glaubensbekenntnisses eigentlich keine konfessionstrennenden Hindernisse mehr vorhanden zu sein. Aber solche erzielten oder in Reichweite seienden theologischen Fortschritte haben bisher für sich allein hinsichtlich einer Kirchenunion wenig oder gar keine Fortschritte erbracht. Es scheint auch nicht sehr realistisch zu sein, von solchen Fortschritten auf einen theologischen Konsens hin in der Zukunft viel für eine wirkliche Kircheneinheit erwarten zu wollen. Das hat wohl verschiedene Gründe. Auf orthodoxer und evangelischer Seite gibt es, realistisch betrachtet, kaum kirchenamtliche und institutionelle Instanzen, die diesen theologischen Fortschritt suchen und autoritativ für konkrete Entschlüsse auf eine Kircheneinheit hin auswerten könnten. In der katholischen Kirche hat man sich bisher noch nicht dazu aufraffen können, amtliche und konkrete Angebote hinsichtlich einer auch für die katholische Kirche möglichen Veränderung in der Institutionalität der künftigen Kirche gegenüber dem institutionellen, aber veränderlichen Zustand der katholischen Kirche zu machen. Dazu kommt, daß man wohl mehr oder weniger überall von der stillschweigenden Voraussetzung ausgeht, es müßten schlechthin alle oder fast alle Christen, die zu der einen oder anderen Kirche oder christlichen Kommunität gehören, in diese eine Kirche der Zukunft eingebracht werden, was natürlich die Aufgabe nochmals bis zum Unrealisierbaren steigert. Was also soll man ernsthaft für eine auch nur einigermaßen voraussehbare Zukunft hoffen?

Man erlaube mir einen Vorschlag für ein Ziel der ökumenischen Bewegung, der den meisten schlechthin utopisch und für die meisten katholischen Dogmatiker wohl als mit dem katholischen Dogma unvereinbar erscheinen mag. Wenn nämlich die Einheit der Kirche ein verpflichtendes Ziel aller Christen ist, das man nicht einfach bequem auf den Jüngsten Tag vertagen darf, wenn die ökumenische Bewegung (von Verbesserung der freundschaftlichen Beziehungen und von einer Intensivierung der Kooperation der Kirchen im Dienst an der Welt abgesehen) zu stagnieren scheint, was man doch kaum leugnen kann, zumal die meisten Kirchen mit ihren inneren Schwierigkeiten sehr beschäftigt und von ihnen fast absorbiert sind und darum insgeheim nicht wenigen Kirchenmännern eine solche Stagnation gar nicht unerwünscht sein mag, dann darf einmal wohl auch ein utopisch anmutender Vorschlag gemacht werden. Bisher hat man (abgesehen von der Verbesserung der Beziehungen und der genannten Kooperation) die Unionsfrage an ihrer theologischen und bekenntnismäßigen Seite anzupacken versucht und die institutionelle Einigung als bloße Konsequenz aus dieser Bereinigung kontroverstheologischer Fragen angesehen. Kann man nicht vielleicht auch umgekehrt vorgehen? Kann man nicht die volle glaubensmäßige und theologische Einheit als eine Folge einer institutionellen Einigung betrachten, zumal eine solche ja nicht eine institutionelle Uniformität im Sinne des bisherigen CIC von dogmatischen Gründen her bedeuten müßte? Wenn man diese Frage bedenken will, muß man zunächst einmal von einer natürlich theologisch genauer zu deutenden Tatsache ausgehen, daß auch in der katholischen Kirche so sehr ein erheblicher Unterschied zwischen dem faktisch in der größten Mehrzahl der Gläubigen der katholischen Kirche gewußten und wirklich bejahten Glauben einerseits und der sehr viel differenzierteren Glaubenslehre der amtlichen Kirche anderseits so besteht, daß ein Großteil der Christen in allen Konfessionen eine Einheit in dem, was wirklich und nicht bloß amtlich geglaubt wird, meint feststellen zu können. Wenn somit die Kirchen sich in einer möglichen, auch für ein strenges dogmatisches katholisches Gewissen akzeptablen Weise institutionell einigen würden, dann würde sich der faktisch gegebene Glaubensbewußtseinsstand praktisch kaum ändern, auch nicht in dem Teil dieser einen Kirche, der aus der römisch-katholischen Kirche stammt. Mindestens dann nicht, wenn man bei einer solchen institutionellen Einigung nicht versuchen würde, auch die „liberalsten" Christen institutionell behalten zu wollen, sondern jene Christen in allen Kirchen institutionell einigen würde, die (im Sinn des Weltrates der Kirchen) an Christus als Gott und Erlöser glauben.

Aber wie wäre in eine solche Kirche das Petrusamt einzubringen? Setzen wir einmal einerseits bei einer relativ großen kirchenrechtlichen Selbständigkeit der sich in diese Einheit einfügenden früheren Kirchen voraus, daß sie eine gewisse Funktion für ein solches Petrusamt zugestehen (was eine realisierbare Hoffnung zu sein scheint), setzen wir andererseits voraus, daß auch in der katholischen Kirche allein sich de facto (wenn auch katholisch nicht de iure) die künftige Funktion des Papsttums auf die Aufrechterhaltung der Einheit der Kirche bei großer Selbständigkeit der Teilkirchen und auf eine entschiedene und lebendige Wahrung der Grundsubstanz des christlichen Glaubens (ohne eigentlich neue Dogmatisierungen) beziehen wird, weil geistesgeschichtlich in der Zukunft mehr gar nicht möglich sein wird und auch dies noch eine ungeheuer große und bedeutsame Aufgabe des Papsttums sein wird, dann könnte doch in diese institutionell eine Kirche ein Papsttum eingebaut sein, das einerseits seine *real* möglichen Aufgaben, ohne Widerspruch von den früher evangelischen und orthodoxen Teilkirchen zu erfahren, wahrnehmen kann und anderseits von den früher römisch-katholischen Teilkirchen durchaus auch weiterhin im bisherigen theologischen Sinn verstanden wird, ohne daß *dieses* Verständnis *positive* Forderung an die früher orthodoxen oder evangelischen Teilkirchen sein müßte, auch wenn es auch bei diesen nicht kirchenamtlich *direkt geleugnet* werden dürfte, was ja auch nicht notwendig von einem evangelischen Gewissen vieler oder der meisten Christen dieser Kirchen gefordert wird. Unter diesen Voraussetzungen könnte – so meine ich – auch ein katholischer Christ es der weiteren geschichtlichen Entwicklung des Gesamtglaubensbewußtseins dieser institutonell geeinten Kirche überlassen, ob und wie es sich auf eine positive Rezeption des ganzen expliziten Dogmas der katholischen Kirche hin entwickelt. Daß man in dieser Hinsicht gar nicht aus dogmatischen Gründen alles erwarten muß, zeigt die Tatsache, von der wir ausgingen, daß nämlich auch das Glaubensbewußtsein vieler oder der meisten katholischen Christen nicht all das explizit erfaßt oder glaubensmäßig realisiert, was an sich zum amtlichen Glaubens- und Kirchenverständnis der katholischen Kirche gehört. Weil man früher einfach stillschweigend (mit Recht oder Unrecht) dem einzelnen Kirchenmitglied einer Kirche denjenigen Glauben zuschrieb, der in einer konfessionell homogenen Region herrschte und dort das öffentliche Bewußtsein bestimmte, konnte man die Tatsache einer solchen Distanz zwischen dem amtlichen und dem faktischen Glaubensbewußtsein in einer Kirche nicht deutlich genug sehen und würdigen und sich nicht genau genug fragen, was eine solche Distanz (die nicht einfach durch die Berufung auf die fides implicita überbrückt wird) theologisch bedeutet und als mögliche Konsequenzen für das Institutionelle einer Kirche mit sich bringt.

Wenn der vorgetragene Gedanke keine bloße Utopie ist, die schon von vornherein an dem katholischen Glaubensbewußtsein scheitern muß (darüber wäre noch weiter nachzudenken), dann ist natürlich durch die Anerkennung eines solchen Gedankens als theologisch möglichen das Beharrungsvermögen der Institutionen und ihrer Träger in den einzelnen Kirchen nicht schon überwunden. Aber ihre Träger könnten doch in ganz anderer Weise als bisher, wo man sich auf eine kontroverstheologische Spaltung berufen konnte, gefragt werden, ob sie selbstlos und mutig den ihnen schon jetzt möglichen Beitrag zur Einigung der Kirchen leisten wollen oder in einer bloßen ökumenischen Höflichkeit sich gegenseitig gute Worte geben, aber praktisch alles beim alten bleiben lassen. Wer bessere Fragen und Vorschläge zu einer greifbaren Überwindung der heutigen Stagnation in der ökumenischen Arbeit vorbringen kann, der soll es tun. Hoffentlich gibt es bessere Vorschläge wirklich praktikabler Art. Aber wer solche Vorschläge nicht weiß, der sollte doch einmal überlegen, ob man nicht auf den hier angegebenen Vorschlag reflektieren sollte, damit wenigstens auf lange Sicht die heute doch zweifellos gegebene Stagnation im Ökumenismus überwunden werden kann. Auf jeden Fall scheint mir in dieser Frage die Initiative von den Theologen auf die Amtsträger übergehen zu müssen. Die Theologen haben zwar ihre diesbezügliche Aufgabe noch nicht ganz erfüllt, aber schon jetzt wären doch die Amtsträger aufgerufen, auf dem Gebiet des Institutionellen weiterzukommen, weil letztlich nur so auch die Aufgabe der Theologen wirklich weitergeführt werden kann. Mit all dem Gesagten ist natürlich das Thema der ökumenischen Bewegung in keiner Weise erschöpfend ausgesagt. Soll aber diese Bewegung weitergehen, ohne daß es von der Basis her auch zu unüberlegten Schritten kommt, die auf die Dauer doch nicht wirklich weiterführen, sondern bei einer dritten Konfession landen würden, die auf die Dauer auch nicht lebendiger, dafür aber christlich substanzloser wäre als die bisherigen Konfessionskirchen, dann müssen die Amtsträger in allen Kirchen sich ernsthaft überlegen, wie sie diese Bewegung selbst weiterführen zu Ergebnissen, die auch der normale Christ des Alltags als solche Schritte erkennen kann.

3. Kirche von der Basis her

Die Kirche der Zukunft wird eine Kirche sein, die sich von unten her durch Basisgemeinden freier Initiative und Assoziation aufbaut. Wir sollten alles tun, um diese Entwicklung nicht zu unterbinden, sondern zu fördern und sie in die richtigen Bahnen zu leiten. Um zu verstehen, was hier gemeint ist, muß an das erinnert werden, was im ersten Teil unserer Überlegungen gesagt worden ist: Konkret und gesellschaftlich gesehen, wird die Kirche nicht mehr so wie früher einfach durch das Bestehen ihres Amtes, ihrer gesellschaftlich festen Strukturen und durch ein Bewußtsein ihrer Selbstverständlichkeit in der öffentlichen Meinung dasein und auf dieser Basis neue Mitglieder für sich rekrutieren, indem die Kinder den Lebensstil ihrer Eltern übernehmen und fortsetzen und von der Kirche getauft und indoktriniert werden. Die Kirche wird nur dasein, indem sie immer neu wird durch die freie Glaubensentscheidung und Gemeindebildung der einzelnen inmitten einer eben nicht von vornherein christlich geprägten profanen Gesellschaft. Daß dies eine wenigstens unter bestimmten Gesichtspunkten eher gesellschaftliche als theologische Beschreibung des Immerneuwerdens der Kirche ist, daß dieses Neuwerden immer die überlieferte Botschaft des Evangeliums und das von Christus herkommende Amt in apostolischer Sukzession zu übernehmen und anzuerkennen hat, ändert nichts an der neuen Art gegenüber früher, in der Kirche heute und in Zukunft wird. Dazu kommt, daß Glaube immer frei personal getätigte Entscheidung ist, es also dem Wesen der Kirche nicht zuwider sein kann, wenn dies gegenüber früher deutlicher in der Weise gesellschaftlich erscheint, in der die Kirche wird, die als reale Größe in der Geschichte gar nicht anders sein kann als getragen durch solchen Glauben der Menschen. Wie die von unten, wenn auch durch den Anruf des Evangeliums und durch die Botschaft der aus der Vergangenheit herkommenden Kirche entstehenden Basisgemeinden entstehen und wie sie konkret aussehen werden, das ist heute natürlich eine noch dunkle und weithin unbeantwortete Frage. Man kann und darf natürlich hier und heute die gleichmäßig sich über das Territorium beinahe im Stil von Polizeirevieren ausgebreiteten Pfarreien nicht einfach abschaffen. Dies zumal darum nicht, weil es möglich ist, daß auch heute schon konkrete Pfarreien durch ihre konkrete Struktur und Lebendigkeit solchen Basisgemeinden, wie sie hier gemeint sind, nahekommen oder mindestens noch die Chance haben, solche zu werden. Aber die Pfarreien im Sinne von Verwaltungssprengeln der Amtskirche, die von oben her Menschen betreut, sind nicht die Basisgemeinden, die von unten her die Kirche in der Zukunft aufbauen müssen. Es ist aus theologischen Gründen und auch nach dem Zeugnis der Geschichte einfach nicht so, daß von einem bestimmten Territorium her verfaßte Pfarreien allein die Grundelemente der Kirche sein könnten. Wenn sich lebendige Christengemeinden von den Christen selber her bilden, wenn diese eine gewisse Struktur, Festigkeit und Dauer haben und erreichen, haben sie ebensoviel Recht wie eine Territorialpfarrei, als Grundelement der Kirche, als Kirche von der Kirche des Bischofs und von der Gesamtkirche anerkannt zu werden, auch wenn ihr konkretes Assoziationsprinzip nicht ein Territorium ist, das von der Kirche des bischöflichen Amtes abgegrenzt wird und einfach die darin wohnenden Christen umfaßt. Natürlich ist auch eine Basisgemeinde erst dann über eine Sympathiegruppe, über einen kleinen kirchlichen Verband weniger Christen hinausgewachsen und zu einem Grundelement der Kirche, zu einer Ortskirche geworden, wie es früher die Pfarrei und meist nur sie (von Ordensgemeinden und ähnlichen Gruppen abgesehen) war oder wenigstens sein wollte, wenn eine solche Basisgemeinde die wesentlichen Grundfunktionen der Kirche (in der organisierten Verkündigung des Evangeliums, der Sakramentenspendung, der christlichen Liebe usw.) wirklich tragen und der Ort der immer erneuten und selbstverständlichen Eucharistiefeier sein kann. Wenn aber eine *solche* von unten kommende, durch freien Glaubensentschluß ihrer Glieder gebildete Gemeinde gegeben ist, hat sie das Recht, von der bischöflichen Großkirche als Kirche anerkannt zu werden und ihren Gemeindeleiter von der Großkirche durch Ordination anerkannt zu sehen, sofern er die notwendigen Funktionen erfüllen kann. Daß die bischöfliche Großkirche einen solchen Gemeindeleiter auf seine Tauglichkeit prüfen muß, daß sie dafür geeignete Menschen zu einer solchen Funktion ausbilden und solchen Gemeinden anbieten darf oder sogar muß, bleibt unbestritten. Dadurch aber ist umgekehrt auch nicht gesagt, daß der Leiter einer solchen Basisgemeinde der Zukunft einfach bloß und allein der von der Bischofskirche einer solchen Gemeinde verordnete Vertreter der bischöflichen Großkirche sein müsse und gar nicht anders gedacht werden könne. Es ist mit dem Wesen der hierarchisch strukturierten katholischen Gesamtkirche durchaus vereinbar, daß eine solche Basisgemeinde einen aus ihrer Mitte kommenden geeigneten Gemeindeleiter dem Bischof der Großkirche präsentiert und von ihm eine relative Ordination und Anerkennung für diese bestimmte konkrete Gemeinde Rechtens erwartet. Die für einen solchen vollen Gemeindeleiter (auch als Leiter der Eucharistie) geforderten Eigenschaften und Voraussetzungen dürfen nicht gemessen werden an Vorstellungen von einem priesterlichen Allround-Amtsträger, der überall seines Amtes walten und auch solche Funktionen ausüben könnte, die weit über die eines Vorstehers einer solchen kleineren Basisgemeinde hinausgehen, sondern sind relativ zu dieser Basisgemeinde und den Erfordernissen ihrer Leitung in ihrer konkreten Situation zu sehen. Diese Erfordernisse können je nach der Situation einer solchen Gemeinde, ihrer profansozialen Struktur, ihrem Bildungsniveau, den konkreten Schwerpunkten ihres Lebens sehr verschieden sein. Man kann ruhig von der ausdrücklichen oder stillschweigend gemachten Voraussetzung absehen, jemand könne nur dann ein durch Ordination bestellter, also „priesterlicher" Gemeindeleiter in einer Gemeinde sein, wenn er diese Funktion mindestens grundsätzlich auch ganz anderswo als in dieser bestimmten Gemeinde erfolgreich ausüben könne. Der Priester als Leiter einer Ortsgemeinde braucht nicht nach dem Schema eines mobilen Staatsbeamten gesehen zu werden, der versetzt wird, avanciert und der Vertreter eines Staates ist, der als eine fremde Größe mit Macht einer bestimmten Menschengruppe gegenübertritt und diese erst eigentlich „organisiert".

Wenn und insofern die Kirche in einer konkreten Situation eine genügende Anzahl solcher priesterlichen Gemeindeleiter ohne Verzicht auf die Zölibatsverpflichtung nicht finden kann, dann ist es selbstverständlich und gar keiner weiteren theologischen Diskussion mehr unterworfen, daß sie auf diese Zölibatsverpflichtung verzichten muß. Wir haben hier nicht die Frage zu erörtern, ob bei uns in Deutschland die eben genannte Bedingung eines solchen Verzichtes schon gegeben ist, und wir haben hier noch weniger die umfassendere Frage zu diskutieren, ob das traditionelle gesetzliche Junktim zwischen Priestertum und Zölibat aus anderen Gründen in sich legitim oder bezweifelbar ist. Aber es ist im Grunde selbstverständlich, daß eine Basisgemeinde der Zukunft, wenn sie die erforderlichen Bedingungen für eine christliche Basisgemeinde erfüllt, wenn für die Menschen dieser Gemeinde eine Pfarrei im herkömmlichen Sinne die Aufgabe einer solchen Gemeinde in ihrem Umkreis konkret nicht erfüllen kann und in einer solchen Pfarrei vor allem auch ein ordinierter Priester vom Bistum nicht gestellt werden kann, ein aus der Gemeinde erwachsender und die nötigen Eigenschaften für die Leitung dieser Gemeinde besitzender Gemeindeleiter von der Gemeinde dem Bischof präsentiert werden kann und mit Recht die Ordination erhält, auch wenn er verheiratet ist. Salus animarum suprema lex.

Solche Basisgemeinden haben selbstverständlich die Pflicht, die Einheit mit der bischöflichen Großkirche aufrechtzuerhalten; sie müssen darum sich auch so als Glieder der Großkirche konstituieren, auch wenn es gewisse „Opfer" und Verzichte, von ihnen allein her gesehen, fordert; sie haben die legitimen und konkret erfüllbaren Gesetze der Gesamtkirche zu beobachten; sie dürfen bei aller auch theologischen Eigenart, die sie haben mögen, keine sektiererische und häretische Eigentheologie entwickeln wollen; sie müssen sich selbstkritisch offenhalten für das Leben der Gesamtkirche in Wahrheit und Liebe und dazu auch konkret ihren Beitrag über ihre eigenen Grenzen hinaus leisten; ihre Eigenart darf nicht so ins Extrem gehen, daß bestimmte notwendige und hinsichtlich ihrer Erfüllung unter der Aufsicht der bischöflichen Kirche stehende Funktionen einfach ausfallen oder verkümmern. All das aber schließt nicht aus, daß eine Basisgemeinde ihre ausgeprägte Eigenart hat, sich selbst eine gewisse Struktur und (wenn man das so nennen will) Verfassung gibt, von ihren sich frei ihr anschließenden Mitgliedern wirklich etwas verlangt, was durchaus über dasjenige hinausgeht, was ein heutiges Mitglied einer Pfarrgemeinde dieser gegenüber zu leisten hat. Die „Verfassung" einer solchen Basisgemeinde kann in den einzelnen Fällen wohl ziemlich erheblich verschieden sein. Die tragende Funktion und das „Mitbestimmungsrecht" der Laien in ihr mag erheblich größer sein, als wir es bisher im allgemeinen gewohnt sind, wenn natürlich auch bisher hinter scheinbar sehr „autoritären" Strukturen amtlicher Art sehr oft schon ein viel größeres Mitspracherecht der Laien in der Pfarrei gegeben war und somit schon von daher kein Grund vorhanden ist, was faktisch oft schon besteht, nicht auch rechtlich anzuerkennen. Hat somit auch das genauere Verhältnis des ordinierten Vorstehers der Eucharistiefeier der Gemeinde zu den übrigen Mitgliedern einer solchen Gemeinde einen großen Spielraum, so ist doch daran festzuhalten, daß dieser ordinierte Leiter der Eucharistiefeier grundsätzlich identisch zu sein hat mit dem Gemeindeleiter schlechthin und daher nicht einfach ein untergeordneter Funktionär für liturgische Vorgänge in der Gemeinde sein kann, nach Art eines geistlichen Angestellten wie er in frühen Zeiten des Abendlandes sich kirchensoziologisch in den sogenannten „Eigenkirchen" präsentierte. Eine solche Stellung des ordinierten Priesters würde dem geistlichen und nicht profan soziologischen Wesen einer christlichen Geminde und der zentralen Bedeutung der Eucharistiefeier in einer christlichen Gemeinde widersprechen. Das muß hier wohl nicht ausführlicher dargetan werden. Die legitime Leitung der Eucharistiefeier und der Sakramentenspendung muß nun einmal von einem einzelnen getragen werden, der amtlich dazu bestellt, „rite vocatus" ist, und ist nicht einfach wahllos und ohne Ordnung immer und in jedem Fall Sache von allen und jedem. Dabei kann die theologische Frage durchaus dahingestellt bleiben, ob nicht in einem extremen Notfall auch ein „Laie", d.h. ein nicht grundsätzlich für viele Fälle und mindestens auf lange Zeit amtlich zu solchen Funktionen „Bestellter", eine solche Funktion ausüben könne. Die Theorie, daß der Leiter der Eucharistiefeier und der Gemeindeleiter auch grundsätzlich nicht identisch sein müssen oder es sogar gar nicht sollen, würde auf die Dauer praktisch nur zum Verfall einer Gemeinde oder zu einer christlich nicht verantwortbaren Vernachlässigung des Sakramentalen führen. Die Verteidigung dieser Identität bedeutet keinen Klerikalismus. Man muß nur einsehen, daß dieses Prinzip: Eucharistieleiter = Gemeindeleiter auch genauso ernsthaft umgekehrt gelesen werden kann und muß. Das will sagen: Wo ein Gemeindeleiter wirklich alle wesentlichen, geistlichen und nicht bloß bürgerlich administrativen Funktionen (der Verkündigung, der Verantwortung für lebendiges Christentum in einer gesellschaftlichen Gruppe, der konkret gelebten Liebe usw.) in einem genügend intensiven Maße und gewissermaßen „hauptberuflich" (dies natürlich nicht in einem bürgerlich sozialen Sinne, sondern im Sinn eines persönlichen, aber dauernden Engagements gemeint) wahrnimmt, dafür die nötigen Eigenschaften hat und die erforderlichen Leistungen erbringt, dadurch sich von den übrigen Mitgliedern der Gemeinde doch in einem gewissen Maß unterscheidet und gerade so das Vertrauen der Gemeinde genießt, dann soll er auch Vorsteher der Eucharistiefeier dieser Gemeinde sein, weil dies seiner sonstigen Funktion in dieser Gemeinde entspricht, und er soll für diese sakramentale Funktion auch durch die bischöfliche Großkirche durch Ordination anerkannt und bestellt werden. Die konkrete Funktion, und zwar relativ zu einer bestimmten Gemeinde, hat eine *logische* Priorität gegenüber der amtlichen Bestellung zu einer solchen Funktion, auch wenn diese Bestellung, die „Priesterweihe", zur ordentlichen Ausübung dieser Funktion erfordert wird. Sieht man dies deutlich und nüchtern, dann ist auch die Forderung einer Identität von Leiter der Eucharistiefeier und von Gemeindeleiter keine Gefahr eines falschen Klerikalismus. Wenn man einmal von der Frage absieht, in welcher konkreten Form eine solche Zuerkennung der legitimen Gemeindeleitung für die „Gültigkeit" einer solchen Zuweisung einer solchen Gemeindeleitung geschieht oder geschehen soll, dann kann man ruhig sagen, daß in allen christlichen Kirchen von größerer Bedeutung Gemeindeleitung in einem spezifisch christlichen Sinn über bürgerliche Administrationsfunktionen hinaus und Vorsteherschaft bei der Eucharistiefeier mindestens im normalen Fall identisch sind.

Mit dem so aufgestellten Prinzip ist, wie schon gesagt, immer noch ein großer Spielraum offengelassen für das genauere Verhältnis hinsichtlich von Rechten und Pflichten zwischen dem priesterlichen Gemeindeleiter einerseits und der Gemeinde und ihren übrigen notwendigen und berechtigten anderen Funktionsträgern andererseits. Mit diesem Prinzip ist auch nicht geleugnet, daß es in einer Gemeinde unter den sogenannten Laien starke charismatische Persönlichkeiten geben könne, die von dem amtlichen Gemeindeleiter als solche respektiert werden müssen und eine größere bestimmende Kraft außerhalb der rechtlichen Dimension in der Gemeinde ausüben, als sie der amtliche Gemeindeleiter faktisch besitzt. Sosehr zu wünschen ist, daß auch der amtliche Gemeindeleiter selbst Träger eigentlich charismatisch über das Gewöhnliche hinausgehender Kräfte sei, so ist nun einmal eine solche Personalunion zwischen dem amtlichen Gemeindeleiter und einem hervorstechenden Charismatiker gar nicht in allen Fällen zu erreichen. Eine solche Personalunion für alle Fälle zu fordern, würde der Freiheit des

Geistes Gottes in der Kirche widersprechen, würde zwangsläufig zu einer Perversion des Charismatischen in der Kirche führen. Eine gewisse Diskrepanz zwischen dem gesellschaftlich Verfaßten und dem Charismatischen ist auf die Dauer ein Segen für die Kirche, verhindert eine auf die Dauer unerträgliche Subjektivierung der Kirche durch Schwarmgeister und ist dem Christen als Vollzug der Hoffnung und der Geduld zuzumuten, auch wenn diese Diskrepanz immer wieder aufs neue nach vorne asymptotisch zu überwinden ist, charismatische Begabung also auch eine der Eigenschaften sein kann, die einen Menschen für die Gemeindeleitung in einer solchen Basisgemeinde empfehlen.

In diesem Zusammenhang könnte natürlich auch die Frage aufgeworfen werden, ob nicht heute oder wenigstens morgen von der profanen gesellschaftlichen Situation her auch eine Frau ebenso wie ein Mann als Leiter einer Basisgemeinde in Frage kommt und also auch durch Ordination mit dem priesterlichen Amt betraut werden kann. Grundsätzlich sehe ich keinen Grund, diese Frage, bezogen auf die Gesellschaft von heute und noch mehr von morgen, zu verneinen. Andererseits bedeutet das auch nicht, daß in früheren gesellschaftlichen Situationen die Frau dasselbe „Recht" immer schon gehabt haben müsse, die Kirche ihr also früher in einer männerrechtlichen Gesellschaft Unrecht getan habe, die sie doch als solche gar nicht verändern konnte oder mußte. Es ist auch nicht gesagt, daß die hier und heute bei uns gegebene Situation, die die Weihbarkeit der Frau an sich mitbringt, schon überall in der Welt gegeben sei. In dieser Frage befinden wir uns nun einmal durch die sich faktisch erst langsam durchsetzende gesellschaftliche Emanzipation der Frau in einer Übergangszeit, die von allen Geduld vom terminus a quo und Mut vom terminus ad quem her verlangt. Auch die Frage des Priestertums der Frau ist nicht primär von den individuellen Wünschen der Frau und ihrem Selbstverständnis und ihrer Selbstbehauptung her zu sehen, sondern von den Bedürfnissen, Notwendigkeiten und Möglichkeiten einer Gemeinde her, die einen Gemeindeleiter haben muß. Auch hier müßte die Frage der Ordination von dem Verständnis einer relativen und nicht absoluten Ordination her gesehen und beantwortet werden. Es müßte gesehen werden, daß das priesterliche Amt als das des amtlichen Gemeindeleiters eine gesellschaftliche Dienstfunktion in der Kirche bedeutet und somit sowohl die Verweigerung des priesterlichen Amtes wie auch seine absolute Forderung für eine bestimmte Person dem Wesen des Amtes dann widerspricht, wenn die Gemeinde für die Ausübung dieses Amtes gerade durch diese bestimmte Person gar keine Notwendigkeit erkennen kann.

Natürlich hat, wenn solche Basisgemeinden allmählich die unersetzlichen Grundgemeinden für die bischöfliche Großkirche werden, weil sonst in der heutigen und morgigen Situation die Amtskirche zu einer Kirche ohne Volk zusammenschrumpft, die bischöfliche Großkirche die Aufgabe und Pflicht, von sich aus nach Kräften zur Bildung solcher Gemeinden und deren missionarisch werbenden Tätigkeit anzuregen und beizutragen. Solche Basisgemeinden dürften von der bischöflichen Großkirche nicht mißtrauisch als Störung einer bürokratisch funktionierenden Organisation angesehen werden. Wenn eine solche Basisgemeinde wirklich echt christlich und echt lebendig, das Ergebnis einer christlichen freien Glaubensentscheidung inmitten einer säkularisierten Welt ist, in der das Christentum kaum mehr durch die Macht der gesellschaftlichen Tradition weitergegeben werden kann, dann ist alle kirchliche Organisation im großen ein Dienst an solchen Gemeinden und nicht umgekehrt diese Gemeinden Mittel zum Zweck einer kirchlichen Bürokratie, die sich selber verteidigt und fortpflanzen will.

Wenn das Prinzip aufgestellt wird, daß sich solche Basisgemeinden auf die verschiedensten Weisen von unten her bilden können und dürfen und unter den nötigen Voraussetzungen dann als echte Ortskirchen vom Amt der Großkirche anerkannt werden müssen, dann ist damit natürlich nicht geleugnet, daß in sehr vielen, ja vielleicht in den meisten Fällen eine solche morgen notwendige Basisgemeinde durch eine lebendige Fortbildung der bisherigen Pfarreien entstehen wird. Der Begriff einer Basisgemeinde schließt das territoriale Prinzip für Gemeindebildung ja nicht aus, wenn es in diesem Begriff auch nicht notwendig eingeschlossen ist. Praktisch werden die meisten Basisgemeinden der Zukunft in *irgendeinem* Maße *auch* territorial mitbestimmt sein, weil es konkret ja gar nicht anders geht, auch wenn umgekehrt damit wiederum nicht gesagt ist, daß das „Territorium“ einer Basisgemeinde rein räumlich das „Territorium“ einer anderen Gemeinde von sich ausschließen müsse. Von daher und vom Mangel an geeigneten gemeindebildenden Persönlichkeiten her werden die hier gemeinten Basisgemeinden meist solche sein müssen, die sich aus den bisherigen Pfarreien unter der Leitung schon gegebener, lebendiger Pfarrer (im bisherigen Sinn des Wortes) entwickeln unter dem Einsatz der in solchen Pfarreien schon gegebenen materiellen Mittel und rechtlichen Strukturen. Eine solche Umwandlung bisheriger Pfarreien in lebendige Basisgemeinden setzt natürlich voraus, daß der diese Wandlung inaugurierende und leitende Pfarrer das Recht und den Mut hat, getaufte Christen in seiner Pfarrei, die in eine solche Basisgemeinde nicht integriert werden können, in etwa zu „vernachlässigen" zugunsten der Christen seiner Gemeinde, die bereit sind oder bereit gemacht werden können, eine solche Basisgemeinde mitzutragen. Natürlich darf eine Basisgemeinde ihre Intensität und Effizienz nicht so bewirken wollen, daß sie eine geschlossene Sekte wird, deren Mitglieder und Amtsträger sich nur füreinander selbst interessieren. Eine solche „Integration" wäre falsch. Aber auch wenn man diese Gefahr vermeidet, wird die Bildung einer solchen lebendigen Basisgemeinde aus einer traditionellen Pfarrei bei der Endlichkeit pastoraler und missionarischer Kräfte bei Pfarrer und anderen Mitträgern einer solchen Wandlung gar nicht anders möglich sein als unter einem praktischen, wenn auch nicht grundsätzlichen Verzicht auf manche von der bisherigen Pfarrei, einfach deshalb, weil diese die höheren Anforderungen, die eine solche lebendige Basisgemeinde stellt, zu erfüllen nicht gewillt sein werden. Solche höheren Anforderungen wird man ihnen zwar nicht in einer gesetzlichen Weise aufzuerlegen suchen, aber der mit solchen Anforderungen gegebene neue Lebensstil einer Basisgemeinde wird praktisch doch manche von der Pfarrei mehr distanzieren, als es in einer Zeit der Fall war, in der für solche Leute die Pfarrei doch nur in Frage kam, wenn sie „religiöse Bedürfnisse" rein privater Art hatten, die ihnen die Pfarrei erfüllte. Solche höheren Anforderungen sind von mannigfaltiger Art, eben so, wie sie notwendig verlangt werden müssen, wenn eine Pfarrei nicht nur ein administrativer Sprengel der Amtskirche und nicht nur das Mittel zur Erfüllung privater religiöser Bedürfnisse sein soll. In einer solchen Basisgemeinde wird es selbstverständlich sein, daß alle den Gottesdienst durch eigene aktive Mitarbeit tragen, daß alle, jeder in seiner Art, an der Verkündigung des Evangeliums und dessen Aktualisierung in die konkrete Gemeindesituation hinein aktiv sich beteiligen, daß also auch die sogenannte Laienpredigt geübt wird, daß in der Gemeinde als solcher ein christliches Bewußtsein geweckt wird, daß die Gemeindemitglieder und auch die Familien als solche in gegenseitiger, ganz konkreter Hilfe füreinander Verantwortung übernehmen, daß eine solche Gemeinde ihre Sendung über ihre eigenen Grenzen hinaus in die Kirche und in die Welt wahrnimmt. All das muß konkret gelebt werden und erfordert auch gesellschaftliche Strukturen mit Aufgaben, Pflichten und Rechten, in die die einzelnen Gemeindeglieder und Familien sich in realistischer Gläubigkeit einfügen und so an der Aufgabe einer solchen Gemeinde mittragen. All das muß weithin erst noch in seiner konkreten Gestalt durch mutige Experimente gesucht und gefunden werden. Es ist dabei eine echte Mitte anzustreben, durch die sowohl eine sektiererische Introvertiertheit der Gemeinde in sich selbst wie auch eine solche Verdünntheit der Forderungen an den einzelnen vermieden werden, die die Basisgemeinde wieder zu einer Pfarrei alten Stils zurücksinken ließe, in der vielleicht eine „Kerngruppe", aber nicht die Pfarrgemeinde als solche dem Wesen einer solchen Basisgemeinde nahekam.

Wo genau diese echte Mitte zwischen Sekte und bloßem Verwaltungssprengel der Amtskirche liegt, das ist wohl heute weithin noch eine dunkle und ungelöste Frage. Diese Frage wird in den einzelnen konkreten Fällen auch gar nicht immer in derselben Weise zu beantworten sein. Es kann durchaus verschiedene Typen geben, unter denen ein einzelner Christ mindestens in größeren Städten und bei seiner eigenen Mobilität ruhig frei auswählen könnte, so wie er früher unter Umständen seiner amtlichen Pfarrgemeinde eine Gemeinde in einer Klosterkirche für sein eigenes christliches Leben vorgezogen hat, ohne daran durch kirchenrechtliche Vorschriften gehindert zu werden. Wenn solche Basisgemeinden von unten her experimentell versucht und erprobt werden, könnten sich natürlich gewisse Grundtypen einer solchen Basisgemeinde langsam herausbilden, eine auch kirchenrechtlich von oben anerkannte Struktur und somit größere Stabilität finden und produktive Vorbilder für andere Fälle abgeben.

All das ist, um es noch einmal zu sagen, noch reichlich vage und abstrakt. Alles basiert auf der Grundeinsicht, daß konkretes und lebendiges Christentum heute und vor allem morgen nicht mehr einfach durch die Macht einer homogen christlichen Gesellschaft, die es immer weniger gibt, durch Administration von oben, durch einen auch in allen öffentlichen Schulen bestehenden und an jedes Kind herankommenden Religionsunterricht weitergegeben werden kann, sondern in die Zukunft getragen werden muß durch das Zeugnis und das Leben einer echten christlichen Gemeinde, die konkret vorlebt, was mit Christentum eigentlich gemeint ist. Solche Basisgemeinden werden in Zukunft nicht mehr einfach territorial und gesellschaftlich das Ganze einer Bevölkerung abdecken können; wenn sie aber gleichzeitig sehr intensiv und offen nach außen sind, werden sie die Träger der eigentlich missionarischen Kraft der Kirche für die Zukunft sein können.

Damit ist natürlich nicht bestritten, daß es lebendige, auch durch das Amt der Kirche getragene oder kontrollierte Querverbindungen unter den einzelnen Basisgemeinden geben müsse, daß erhebliche Aufgaben mit ihren Trägern und Institutionen gegeben sind, die nicht von den einzelnen Basisgemeinden als solchen erfüllt werden können, aber die selbstlose Mitarbeit der Basisgemeinden erfordern und umgekehrt dem Leben dieser Gemeinden dienen, daß es ein allgemeines, für alle verpflichtendes, aber genügend Freiheit und Individualität der Einzelgemeinden gewährendes Kirchenrecht sowohl als solches der Gesamtkirche wie auch der deutschen Kirche, wie auch einer sinnvoll abgegrenzten und strukturierten Diözese geben muß, weil Leben, Geist und Freiheit einerseits und Institution anderseits in der Kirche sich gegenseitig bestimmende Größen sein können und müssen.

Es wäre vielleicht sehr nützlich, wenn Juristen rechtzeitig sich Gedanken darüber machen würden, wie eine solche Basisgemeinde der Zukunft bürgerlich-rechtlich (vereinsrechtlich, vermögensrechtlich usw.) konstituiert werden könnte, wie bürgerlich-rechtlich ihr Verhältnis zur bischöflichen Großkirche verfaßt werden könnte usw., damit eine solche Basisgemeinde eine sowohl profanrechtlich möglichst feste Konsistenz erlangt wie auch kirchlich und theologisch richtig „liegt“. Wir wissen ja nicht, ob der rechtliche Status, den das GGBRD und andere staatliche Gesetze den Kirchen einräumen, immer so bleiben wird oder der Säkularisierungsprozeß der profanen Gesellschaft noch weitergeht. Schon von da aus wären solche rechtlichen Überlegungen hinsichtlich des Status einer solchen Basisgemeinde in der profanen Gesellschaft unter Umständen ein Stück sinnvoller Vorsorge für die Zukunft über die Bedürfnisse hinaus, die in dieser Richtung eine solche Basisgemeinde schon heute hat, wenn sie sich bildet und nicht einfach neues Leben innerhalb einer bisherigen Pfarrei bedeutet und von daher rechtlich abgesichert ist.

4. Demokratisierte Kirche

Wenn es einmal genügend lebendige und doch stabile Basisgemeinden von unten her gibt und wenn es für das Bewußtsein der Kirche in der Praxis selbstverständlich sein wird, daß sie die Wirklichkeit der Großkirchen tragen und nicht bloß von dieser getragen werden, d. h. nicht bloß von oben her eingerichtete Organe der Großkirche sind, dann werden sich in einer praktischen Weise alle die Fragen mehr oder weniger von selbst lösen lassen, die man unter dem Stichwort einer „Demokratisierung" der Kirche aufzuwerfen pflegt. Wir wollen hier über diese Fragen nicht allzuviel theoretisieren. Schon darum nicht, weil jede Lösung dieser Fragen gar nicht durch Aufrechterhaltung oder Veränderung rechtlicher Strukturen der Kirche allein konkret beantwortet werden kann, sondern immer eine Synthese bedeutet, in der Geist, Liebe, Hoffnung und Demut innerlich gegeben sein müssen, die weder durch autoritäre noch durch demokratische Gesetzesnormen erzwungen oder ersetzt werden können. Es sollen nur ein paar etwas willkürlich ausgewählte Bemerkungen zu diesem Thema vorgetragen werden.

Selbstverständlich gibt es in der katholischen Kirche ein Amt, das seine Vollmacht streng als solche nicht einfach vom Willen der einzelnen Glieder der Kirche her bezieht. Damit aber ist noch gar keine Vorentscheidung darüber getroffen, auf welche Weise sachgemäß und rechtlich ein *Träger* eines solchen Amtes bestellt werden muß. Jeder Amtsträger ist nur dann im legitimen Besitz seiner Amtsvollmacht, wenn er in Einheit und Frieden mit dem Kollegium solcher Amtsträger und deren Spitze, also dem Papst, lebt, wobei die genaue Natur dieses *höchsten* Amtes und die heute zu wünschende und der heutigen geschichtlichen und gesellschaftlichen Situation entsprechende Weise der Wahl des Trägers dieses höchsten Amtes im Augenblick nicht zur Frage steht. Aber von diesem Amt einmal abgesehen, gibt es eigentlich kein „göttliches" Recht für die genauere Art, wie ein Träger eines anderen Amtes in der Kirche konkret auszuwählen und zu bestimmen ist. Denn die Tatsache, daß ein solcher Amtsträger in die Gemeinschaft der Bischöfe und des Papstes durch einen Akt der Kooptation in dieses Bischofskollegium mit und unter dem Papst aufzunehmen ist und sonst nicht legitim sein kann, bedeutet weder, daß die Entscheidung für oder gegen eine solche Aufnahme einfach der Willkür der Kooptierenden anheimgegeben ist und von keinen sachlichen Regeln bestimmt wäre, noch daß nach göttlichem Recht als solchem notwendigerweise der Papst selbst der Träger dieses Aktes der Zuwahl (oder besser: der Bestellung eines solchen Amtsträgers) sein müsse. Für die genauere Art der Bestellung eines solchen Amtsträgers gibt es an sich über die schon genannten Rechte des Papstes und des Bischofskollegiums hinaus kein eigentlich „göttliches Recht" außer dem moraltheologischen Prinzip, daß eine solche Wahl einen für sein Amt möglichst geeigneten Träger bestellen müsse. Zu einer solchen Eignung gehört selbstverständlicherweise aber auch (nicht nur!), soweit voraussehbar, eine gewisse „Akzeptation" möglichst positiver und allgemeiner Art von seiten derer, für die das Amt, um das es sich handelt, ausgeübt werden soll. Eine solche im voraus einzukalkulierende Akzeptation mag vielleicht kein Moment an der rechtlichen Legitimität einer solchen Bestellung eines Amtsträgers sein, sie ist aber gewiß ein Moment, das bei der sittlichen Beurteilung einer solchen Wahl auch ins Gewicht fallen muß. Und schließlich ist so etwas in der Kirche erheblicher als die Frage, ob eine bestimmte Wahl, rein rechtlich gesehen, gültig ist. Darum und nach dem Ausweis der Geschichte ist die konkrete Art der Bestellung eines Amtsträgers in der Kirche sehr variabel und muß immer wieder der konkreten menschlichen und gesellschaftlichen Situation angepaßt werden, in der eine solche Wahl geschehen muß.

Es ist hier natürlich nun nicht möglich, konkrete rechtliche Modelle anzubieten, nach denen die Bestellung eines Pfarrers oder eines Bischofs in je der für das betreffende Amt geeignetsten Weise heute geschehen sollte. Man wird aber doch wohl kaum daran zweifeln können, daß die bisher nach menschlichem Kirchenrecht praktizierten Wahlweisen heute mindestens teilweise und in unserem mitteleuropäischen Lebensraum überholt sind. Es ist psychologisch verständlich, daß eine kirchliche Bürokratie (die es gewiß geben muß, so daß das Wort hier in einem ganz neutralen Sinn verstanden werden soll) die Kooptation eines neuen Mannes in diese Bürokratie hinein möglichst unter sich allein auszumachen versucht, wobei ihr gewiß an sich guter Wille und auch viel Erfahrung zugebilligt werden kann, die nicht von vornherein jedermanns Sache in der Kirche ist. Aber das ändert auch wieder nichts daran, daß heute und in der Zukunft und zumal in einer Kirche, die sich mehr als früher gesellschaftlich von unten her aufbaut, eine größere, wenn auch gestufte Mitwirkung möglichst vieler gefordert werden muß, die durch eine solche Bestellung mitbetroffen sind. Man kann auf die Dauer Orthodoxie und Kirchlichkeit von solchen Amtsträgern nicht dadurch sicherstellen, daß man den Kreis der Wähler möglichst hoch ansiedelt und klein hält. Die vielleicht nicht immer nur eingebildete Gefahr einer „Unterwanderung der Kirche" muß und kann gewiß auf andere Weise auch bei „demokratischerer" Art der Wahl von Amtsträgern gebannt werden. Es ist nicht einzusehen, warum bei der Wahl eines Bischofs nicht mindestens einmal die Priester der betreffenden Diözese in einer wirklich effizienten Weise mitwirken sollten.

Solche deutlichere Mitwirkung auch der Laien ist heute nicht nur bei der Bestellung von Amtsträgern in der Kirche, sondern auch bei anderen Entscheidungsvorgängen im kirchlichen Leben angezeigt. Wenn und insofern bei solchen Entscheidungen einem Bischof ein persönliches und unübertragbares Recht einzuräumen ist, das qualitativ anders ist als ein gegebenes oder denkbares Mitspracherecht anderer Glieder in der Kirche, so bedeutet dies noch lange nicht, daß immer und in jedem Fall und bei jeder Materie einer Entscheidung alle (Priester und Laien) hinsichtlich solcher Entscheidungen nur eine beratende Funktion haben könnten. Eine solche Behauptung läßt sich aus der orthodoxen Theologie des Bischofsamtes nicht wirklich deduzieren und widerspricht auch der faktischen Praxis der Kirche durch alle Jahrhunderte hindurch bis auf den heutigen Tag. Der Hirt soll Hirt bleiben, aber er soll darum noch lange nicht seine Schafe – wie Schafe behandeln. Wenn dies aber nicht sein soll, dann muß es, gestuft und je nach der fraglichen Materie differenziert, mindestens in vielen Fällen heute auch ein Recht der Priester und der Laien geben, nach dem sie in einer deliberativen und nicht bloß konsultativen Weise an den Entscheidungen der Kirche mitwirken. Ein solches Verlangen darf nicht von vornherein und grundsätzlich als eine solche Demokratisierung der Kirche verdächtigt werden, die im Widerspruch zum Wesen der Kirche steht. Man kann gewiß betonen, daß auch ein bloß konsultatives Votum von Priestern und Laien im Bezug auf den Bischof und der Laien im Bezug auf den Pfarrer in sich und durch die dabei gegebene Argumentation von der Sache her ein großes Gewicht habe und natürlich nicht leichtfertig von den höheren Amtsträgern übergangen werden könne. Aber wer so argumentiert, kann doch gefragt werden, warum er dann doch sich so gegen eine deliberative Mitwirkung sperre, wenn sie doch grundsätzlich nicht gegen das eigentliche Verfassungsrecht der Kirche sei, oder warum er eine solche Mitwirkung auf möglichst wenige und belanglose Fragen einschränken wolle.

Natürlich soll durch solche Forderungen und Empfehlungen der bürokratische Apparat der Kirche nicht noch mehr aufgebläht werden, sollen die Abläufe der Entscheidungsbildung nicht noch komplizierter und langsamer werden, als es unvermeidlich ist. Aber meist ist der bürokratische Apparat in der Kirche bei solchen Dingen faktisch auch nicht weniger kompliziert, als er bei Erfüllung solcher Forderungen und Wünsche würde. Das zeigt ja schon z.B. die Langsamkeit konkreter Entscheidungen in Rom, die in Ehesachen und ähnlichen Fällen zu wahren Unmenschlichkeiten führt.

Wenn die Entscheidungsträger erster Instanz möglichst weit unten, d.h. möglichst dort angesiedelt werden, wo die Entscheidungen durchgeführt werden müssen, können solche Entscheidungsvorgänge durchaus „demokratisch“ und transparent gefällt werden, ohne daß der Apparat mehr als unvermeidlich anwachsen muß.

5. Gesellschaftskritische Kirche

Wenn von dem die Rede sein soll, was in der deutschen Kirche der Zukunft vordringlich zu tun ist, dann kann selbstverständlich die Frage des Dienstes der Kirche an der Welt, das gesellschaftliche und gesellschaftskritische Engagement der Kirche in all ihren Gliedern und einzelnen Gruppen nicht ausgeklammert werden. Man geht an diese Frage mit Zögern und Bangen heran, schon darum, weil so viel davon seit dem Zweiten Vatikanischen Konzil geredet wurde und weil nicht wenige den Eindruck haben, hinter all diesen Reden und Appellen über die Weltverantwortung der Christen und der Kirche stecke die Tendenz eines „Horizontalismus", der die Kirche in eine rein humanitäre Institution umfunktionieren wolle, wenn nicht gar in eine rein profane Gesellschaft der Zukunft hinein aufzuheben versuche. So radikal Wesen, Aufgabe und Sendung der Kirche sich auch von einem bloß innerweltlichen Humanismus unterscheiden, so gehört eben gerade doch vom Wesen der Kirche und des Christentums selbst her diese Weltverantwortung zur Aufgabe der Kirche. Das ist nach dem Zweiten Vatikanum selbstverständlich. Gottesliebe und Nächstenliebe bedingen sich im letzten Verstand radikal gegenseitig. Eines ist die Vermittlung des anderen. Wenn aber im Unterschied zu früher eine Gesellschaft mobil geworden ist, wenn sie aus den verschiedensten Gründen verändert werden kann und muß, um dem einzelnen einen möglichst großen Raum von Gerechtigkeit und Freiheit einzuräumen, dann kann die Aufgabe der christlichen Nächstenliebe (und der in ihr impliziten Tugend der Gerechtigkeit) sich nicht mehr auf die private Beziehung der einzelnen untereinander beschränken. Die Nächstenliebe erhält in einer solchen Gesellschaft notwendig auch (nicht nur!) einen gesellschaftspolitischen Charakter, wird notwendig auch der Wille zu einer besseren Gesellschaft, ist nicht nur Gesinnung, nicht nur private Beziehung zwischen einzelnen, sondern geht auch auf die Veränderung der gesellschaftlichen Institutionen, oder sie ist nicht das, was sie sein muß. So ist sie nur, wenn sie in ihrer ganzen Fülle und in den Möglichkeiten und Aufgaben *aller* gedacht wird und ihr Wesen nicht verschleiert wird durch einen zu raschen Ansatz beim einzelnen, der nur ein partielles Stück ihres Wesens je nach seinen Gaben und Möglichkeiten verwirklichen kann, wenn sie eine Aufgabe und Kraft ist, die „politisch" ist.

Dabei muß nur folgendes für den Christen deutlich sein: Der Mensch ist ein Sünder, und dieser Satz muß auch heute ernst genommen werden. Nach der Lehre des Zweiten Vatikanischen Konzils (natürlich eine Selbstverständlichkeit!) prägt aber die Sünde auch die faktischen gesellschaftlichen Verhältnisse und Institutionen mit. Auch diese sind sündig, mindestens einmal in dem Sinne, in dem nach der Lehre des Trienter Konzils und erst recht der reformatorischen Kirchen die „Konkupiszenz" aus der Sünde stammt, zu ihr drängt und dauernder Gegenstand des Kampfes des Menschen und Christen ist. Die Sündigkeit der gesellschaftlichen Verhältnisse ist einfach das Pendant zur inneren konkupiszenten und agonalen Situation des Menschen. Die innere Situation des Menschen in ihrer Unordnung, ihrem unversöhnten Pluralismus, ihrer Herkünftigkeit und Hinkünftigkeit auf Schuld blickt uns aus unserer äußeren gesellschaftlichen Situation an und ist nicht bloß ein Gegenstand privater Innerlichkeit. Wer die gesellschaftlichen Verhältnisse einfach für selbstverständlich und gut hält, der muß sich als Christ fragen lassen, ob er wirklich glaubt, daß der Mensch ein Sünder ist, die „Sünde der Welt" existiert, die Welt im argen liegt, ob er mit seinem Rückzug auf eine privatistische Innerlichkeit, in der allein das Drama zwischen dem erlösenden Gott der Freiheit, Liebe und Gerechtigkeit und dem sündigen Menschen sich abspielen soll, das Christentum und die Einheit des leibhaftigen und geschichtlichen Menschen nicht mindestens ebensosehr depraviert wie der Christ, der das Christentum auf ein rein humanitäres und gesellschaftliches Engagement reduzieren will.

Die Gefahr einer solchen privatistischen Depravation ist aber aus einem doppelten Grund sehr naheliegend und bedrohlich. Auf der einen Seite nämlich ist das Institutionelle wegen seiner zwingenden Macht und Allgemeinheit immer eine Versuchung, es als selbstverständlich hinzunehmen, dem Faktischen wegen seiner Allgemeinheit auch eine sittliche Legitimation zuzubilligen. Anderseits ist in einer aus den verschiedensten Gründen sehr immobilen, nicht planmäßig und rational veränderlichen Gesellschaft das an sich sittlich Illegitime an den durch die Sünde mitgeprägten gesellschaftlichen Institutionen, selbst wenn es einigermaßen als illegitim empfunden wird, kaum für die Praxis ein Gegenstand konkreter Verdikte und sittlich geforderter Veränderungen, einfach weil wenig oder gar nichts verändert werden *kann.* Aus diesem doppelten Grund und bei der Langsamkeit der Bewußtseinsveränderung in einer Großkirche ist das Bewußtsein der Kirche in ihren Gliedern und auch ihren Amtsträgern noch längst nicht so radikal sensibilisiert, wie es gegenüber der von der christlichen Liebe geforderten gesellschaftskritischen und gesellschaftsverändernden Aufgabe der Christen sein müßte. Sonst könnte der doch mindestens sehr weitgehend berechtigte Verdacht, die Kirche sei nur eine konservative, das Bestehende verteidigende Macht, gar nicht aufkommen. Wegen der Macht des faktisch in der Gesellschaft Gegebenen ist dann auch die nur zu oft realisierte Gefahr da, daß gescheite Theologen und Amtsträger in der Kirche die nötige Ideologie für die Rechtfertigung dieses Faktischen nur allzu bereit und gescheit liefern, zumal solche Theologen und Amtsträger, ob sie es merken oder nicht, den privilegierten Gruppen einer solchen Gesellschaft angehören und darum fast instinktiv und unreflektiert von der Güte der gesellschaftlichen Institutionen schon überzeugt sind, bevor sie sie ideologisch zu untermauern beginnen.

Mir will nicht scheinen, daß in der Kirche eine genügende Sorge vor dieser in der Sündigkeit des Menschen wurzelnden Gefahr vorhanden ist, zumal ganz allgemeine Prinzipien über Freiheit, Gerechtigkeit und Verbesserung der gesellschaftlichen Verhältnisse und eine wohldosierte und im allgemeinen bleibende Kritik bei uns kirchlichen Christen nur zu leicht eine Alibi-Funktion zur Beruhigung des Gewissens ausüben oder solche allgemeinen Erklärungen von höchster kirchlicher Stelle, die unter Umständen sehr einschneidend sind, von den Christen faktisch nicht zur Kenntnis genommen werden. Wenn man beim Wort „Revolution“ nicht gleich an blutige Gewalt denkt, die unsittlich ist oder sein kann, sondern unter Revolution alle jene gesellschaftlichen Veränderungen größeren Stils versteht, die nicht mit den in einer Gesellschaft schon institutionalisierten und auch wirklich funktionierenden Mitteln einer Evolution durchgeführt werden können, wenn man die Einheit und enge Interferenz aller Völker und Gesellschaften in der heutigen Welt bedenkt, ist durch den Gegensatz zwischen den modernen Industrienationen und den unterentwickelten Völkern eigentlich eine revolutionäre Situation von globaler Art gegeben, auch wenn man dies von unserer eigenen Gesellschaft für sich allein betrachtet nicht sagen kann. Zu dieser Situation muß auch noch alles hinzugerechnet werden, was heute als Gefahr einer ziellosen Konsumgesellschaft, der Umweltverschmutzung usw. signalisiert wird. Man wird aber nicht sagen können, daß die kirchlichen Christen bis zu ihren höheren Amtsträgern hinauf diese Situation so ernst nehmen, wie sie ernst genommen werden müßte. Man beschwört immer noch zu einseitig die Gefahr des Kommunismus und eines totalitären und autoritären Sozialismus und fragt sich zu wenig, was man selbst mutig und konkret als Pläne und Modelle für eine künftige Gesellschaft anzubieten habe, die mit dieser heutigen Situation fertig werden kann.

Wenn Christen ihre gesellschaftspolitische Aufgabe und die Situation, in der diese bewältigt werden muß, *als* Christen ernst nehmen, dann kann es nicht ausbleiben, daß einzelne Christen oder christliche Gruppen Zukunftsvorstellungen entwickeln und Forderungen erheben, und zwar deutlich im Namen ihres Christentums selbst, die von anderen Christen und anderen christlichen Gruppen abgelehnt werden, und zwar unter Berufung auf dieselben letzten christlichen Prinzipien und Motivationen. So etwas ist heute nicht vermeidbar und als Möglichkeit auch vom Zweiten Vatikanum anerkannt. Mit einem solchen gegenseitigen Widerspruch unter Christen im Namen christlicher Prinzipien und Motivationen ist unvermeidlich viel Bitterkeit gegeben. Man bekämpft sich ja gegenseitig unter Berufung auf das, was beiden Seiten unbedingte Richtschnur des Lebens ist. Solcher Kampf grenzt unvermeidlich an gegenseitige „moralische“ Vorwürfe. Wollte man aber einen solchen Kampf vermeiden, indem man sich gegenseitig einfach in Ruhe läßt oder nur Prinzipien im Namen des Christentums formuliert, die keinem wehe tun, aber allein auch niemand nützen, dann wäre ein echtes gesellschaftspolitisches Engagement von Christen als solchen gar nicht möglich. Sein Fehlen aber wäre ein Verrat an wesentlichen Aufgaben, die den Christen nun einmal gestellt sind. Wir müssen es also schon heute und erst recht in der zukünftigen Kirche lernen, in diesem bitteren Kampf dennoch die Einheit der Kirche und die gegenseitige Liebe zu wahren. So etwas muß noch neu gelernt und eingeübt werden. Viele Argumente, die in einem solchen Kampf verwendet werden, müssen zwar den Sachverstand einsetzen, innerweltlich und im eigentlichen Sinne gesellschaftspolitisch argumentieren, man darf sich, wie das Zweite Vatikanum mahnt, dabei nicht die berechtigterweise neutralere Haltung der Amtskirche als solcher in Lehre und Praxis in falscher Inanspruchnahme verdunkeln, aber in solchen Dingen ist ein innerkirchlicher Kampf im Namen der christlichen Prinzipien einfach nicht vermeidbar. Letztlich kommt er natürlich daher, daß jede Anwendung theoretischer Prinzipien auf eine konkrete Situation ein Moment des Unreflektierten und adäquat nicht Reflektierbaren mit sich bringt und daher die Anwendung dieser Prinzipien verschieden ausfällt, ohne daß der Punkt, an dem die Anwendung auseinanderzugehen beginnt, trotz aller Reflexion und Diskussion genau festgelegt werden kann.

Es ist hier natürlich nicht möglich, eine Vorstellung darüber zu entwickeln, wie ein solches gesellschaftliches Engagement von Christen, christlichen Gruppen und schließlich der Kirche in ihren amtlichen Vertretern in der Zukunft konkret aussehen müßte. Nur auf ganz weniges sei hier ausdrücklich aufmerksam gemacht, und zwar auf solches, das im durchschnittlichen Leben unserer Kirche noch oft vergessen zu werden scheint.

Es ist, um es noch einmal zu betonen, klar, daß die Kirche jenen Willen zu mehr Freiheit zunächst einmal, um nach außen glaubwürdiger zu werden, im innerkirchlichen Leben noch wirksamer werden lassen muß. Darüber ist der Sache nach schon früher unter dem Stichwort der „Demokratisierung“ einiges gesagt worden. Die Arbeit der Synode für eine kirchliche Verwaltungsgerichtsbarkeit geht in dieselbe Richtung.

Bei dem Einsatz der Christen und der Kirche „nach außen“ sollte man nicht bloß an solche spektakulären Erklärungen und Demonstrationen denken, wie wir sie etwa vom Bensberger Kreis, von Studentengemeinden, von der KDSE und anderen Gruppen gewohnt sind. Solche Bestrebungen sind zwar grundsätzlich berechtigt, sind vielleicht vom christlichen Gewissen geboten, beinhalten im einzelnen Sachfragen, die hier nicht diskutiert werden können, von denen aus die eine Bestrebung gebilligt, die andere vielleicht bezweifelt werden kann; es sollten auch die Bischöfe solche gesellschaftspolitischen Bestrebungen christlicher Gruppen, wie Studentengemeinden, nicht schon darum administrativ zu verhindern suchen, weil sie diese Tendenz selber für sachlich falsch halten. Eine Studentengemeinde z.B. kann sich durchaus politisch – was nicht heißt: parteipolitisch – in einer bestimmten Richtung engagieren, auch wenn diese Richtung manchen Bischöfen sachlich verkehrt erscheint, vorausgesetzt nur, daß eine solche Studentengemeinde nicht eindeutig heterodoxe Grundprinzipien proklamiert oder aufhört, eine Gemeinde offener Art für *alle* katholischen Studenten, die mit ihr leben wollen, zu sein. Unter diesen Voraussetzungen aber ist eine solche Gemeinde auch finanziell durch die Amtskirche unterstützungswürdig, wenn sie ein politisches Engagement in einer anderen Richtung als in der von Bischöfen sucht, freilich ohne jedes ihrer Mitglieder darauf verpflichten zu wollen.

Aber, wie gesagt, man sollte dieses gesellschaftliche Engagement nicht bloß in solchen Erklärungen und Bestrebungen suchen. Daß es noch andere Aufgaben in dieser Hinsicht gibt, wird schon deutlich, wenn man bedenkt, wie wenige christliche Gruppen, besonders an der Basis, sich deutlich einer solchen Verantwortung bewußt sind. Die Gastarbeiterfrage z.B. beunruhigt doch nur wenige Pfarreien oder Basisgruppen der kirchlichen Verbände, auch wenn man löbliche Ausnahmen nicht verschweigen muß. Ein gesellschaftliches Engagement sollte vor allem einmal gegeben sein in den sich bildenden Basisgemeinden und auf diese sich zuentwickelnden lebendigen Pfarreien. Man kann den höchsten Respekt vor der deutschen Caritas, dem deutschen Caritasverband, seinen vielfältigen Institutionen und Arbeiten haben. Diese Caritas ist, gerade weil sie weniger Lärm macht als nicht wenige, die so tun, als habe die Kirche auf gesellschaftlichem Gebiet bisher nichts getan, gewiß etwas, worauf die deutsche Kirche stolz sein kann. Aber wenn wir von der auch möglichen Frage absehen, ob eine solche Caritas, natürlich gegen ihre Absicht, nicht manchmal systembewahrend wirkt, wo Systemveränderung am Platze wäre, auch wenn diese Systemveränderung nicht ihre unmittelbare Aufgabe ist, und wenn auch die Grenze zwischen Systemverbesserung, die sich ja auch die Caritas angelegen sein läßt, und Systemveränderung schwer zu ziehen ist, so kann die Frage jedenfalls gestellt werden, ob diese Caritas von amtlicher Institutionalität nicht gegen ihre Absicht den einzelnen Christen an der Basis zu einem guten Gewissen hilft, wo er ein solches nicht haben dürfte. Die Christen sind nur zu sehr heute geneigt, den amtlichen Institutionen von Staat und Kirche das zuzuschieben, was sie an christlicher Liebe und an Eintreten für Gerechtigkeit und Freiheit selber tun sollten und was eigentlich von gar niemand anderem getan werden kann. Es gibt gewiß auch heute noch vieles, das für die Menschen getan werden muß, das versachlicht durch Institutionen staatlicher oder kirchlicher Art geleistet werden muß und nur so geleistet werden kann. Aber durch diese Institutionalisierung und Versachlichung entstehen auch neue Nöte und Bedürfnisse, jeder Schutz bedeutet auch einen Zwang, wenn er institutionalisiert ist. Wenn ein Mensch durch Institutionen alles erhalten hat an Sache, was er braucht, worauf er ein Recht oder ein Begehren hat, fehlt ihm immer noch, was er am nötigsten hat: die Person des anderen Menschen. Hier nun liegt eine gesellschaftliche Aufgabe der Basisgemeinden. Diese liegt in einer eigenartigen Weise zwischen dem Bereich des bloß Privaten und der Interferenz von „Intimsphären“ einerseits und dem institutionalisierbaren Gesellschaftlichen anderseits. Die Anmeldung dieser Aufgabe hat nichts zu tun mit einem Rückzug auf bloße Gesinnung, mit einer Abwertung oder einem Mißtrauen gegen sachliche Institutionen und deren Aufgaben und Leistungen. Aber in solchen Basisgemeinden und in ihnen allein kann noch das Vorhandensein oder Fehlen des eigentlich Menschlichen, das nicht versachlicht werden kann, bemerkt, „kontrolliert“ werden und so jene seltsame „Leistung“ „organisiert“ werden, in der ein Mensch sich selbst dem anderen leistet und diese Leistung nicht durch eine sachliche abdingt. In christlichen Basisgemeinden ist jenes gesellschaftliche Engagement möglich, das schon kein gesellschaftliches mehr zu sein scheint, weil es durch eine von der Person ablösbare Leistung nicht mehr institutionalisiert werden kann, und das doch die entscheidende gesellschaftliche Leistung ist, weil ohne sie der Mensch durch die Institutionen nicht befreit, sondern in ihnen und ihrem Perfektionismus ersticken würde. In der Basisgemeinde ist der Raum für jene Liebe zum fernen Nächsten, die weder bloß spontane Sympathie noch die institutionalisierbare Gerechtigkeit ist. Selbstverständlich muß sich eine solche Nächstenliebe in den Basisgemeinden auch sachlich konkretisieren, Nachbarhilfe, lebendiges Miteinander und Füreinander junger Familien, stillschweigend und selbstverständlich geleistete Hilfe vom einzelnen zum einzelnen usw. werden. Aber sie ist nur dann gegeben, wenn mit der Gabe der Mensch sich selber gibt und die sachliche Hilfe den einen nicht vom anderen weg, sondern zu ihm hinführt. Solche Liebe ist darum nur in solchen Basisgemeinden (die sehr verschieden sein können) möglich, weil nur da die sachliche Hilfe und die persönliche Begegnung eins sein können. Denn hier kann man wirklich noch feststellen, ob Menschen und Christen als solche da sind und wofür sie gefordert werden. Man kann noch ganz konkreten Forderungen begegnen, die einem ganz persönlich gelten, einen selbst fordern und nicht an Institutionen delegiert werden können.

Zu dem gesellschaftspolitischen Engagement der Christen, ihrer Gruppen und der Kirche, und zwar auch in ihren Institutionen, gehört die Pflicht, der Dritten Welt zu helfen. Über das Problem der Entwicklungshilfe ist zwar sehr viel geredet und geschrieben worden. Aber gemessen am faktischen Bewußtsein der einzelnen Christen und der christlichen Gemeinden bei uns, ist offenbar noch längst nicht genügend deutlich gemacht worden, welche fundamentale Bedeutung dieses Thema für das christliche Gewissen als solches hat oder haben müßte. Es ist hier so ungefähr wie beim Problem der Umweltverschmutzung: Sachkenner rufen oft fast mit Verzweiflung dieses Problem auf, jeder hat schon davon gehört, alle sagen, es müsse etwas geschehen, ein klein bißchen wird mit halbem Herzen, wo es nicht weh tut, auch getan, dann aber geht alles weiter, wie wenn nichts wäre. So ähnlich ist es auch bei der Frage der Hilfe für die Dritte Welt. Diese Hilfe läge im ureigensten, auch materiellen Interesse der hochindustrialisierten Völker und ist gleichzeitig eine Sache der christlichen Liebe, gleichgültig, ob sie für uns vorteilhaft ist oder nicht. Aber gemessen an dem, was notwendig wäre, und auch an dem, was getan werden könnte, geschieht einfach viel zu wenig. Das ist hier nun nicht mit Zahlen und Statistiken zu belegen, solches ist schon oft genug geschehen. Eine solche Hilfe ist gewiß, wenn konkrete Taten und nicht nur abstrakte Prinzipien fällig sind, eine sehr schwierige Sache, wie alles schwierig ist, wo es sich um größere gesellschaftliche Gruppen, um Wirtschaft, Geld, Recht und um die Überwindung nicht bloß eines individuellen, sondern auch kollektiven Egoismus mit seiner Kurzsichtigkeit handelt. Aber man sollte doch sehen, daß wir uns heute in der eins gewordenen Geschichte der Menschheit, die keine voneinander mehr getrennten geschichtlichen und gesellschaftlichen Räume kennt, in einer globalen revolutionären Situation (was nicht schon heißt: Revolution) befinden. Denn die gesellschaftliche Situation dieser einen Welt als ganzer ist von so massiver Ungerechtigkeit und materieller Bedrohtheit des größeren Teils der

Menschheit mitbestimmt, und andererseits sind keine solchen Institutionen für die Beseitigung dieser Zustände so in dieser einen Gesellschaft gegeben, daß diese Beseitigung einfach „evolutionär“ nach schon allseits in dieser Gesellschaft anerkannten Prinzipien geschehen könnte. Die Christen bei uns haben diese Situation im allgemeinen noch nicht zur Kenntnis genommen. Es geht ihnen gut, und für ihre Kurzsichtigkeit wohnt ihr Nächster, dem es schlecht geht, immer noch zu weit weg. Ein solcher Wille, sich dem Problem der Dritten Welt zu stellen, bedeutet nicht nur die Bereitschaft, aus dem eigenen Geldbeutel eine wenig mehr für MISEREOR oder ADVENIAT zu stiften oder als Steuerzahler ein bißchen weniger zu meckern über den an sich schon kleinen Anteil, den die Entwicklungshilfe im Budget des eigenen Staates ausmacht. Mindestens einmal müßte man darüber hinaus sich geistig und materiell solidarisieren mit jenen christlichen und nichtchristlichen Gruppen, die in den unterentwickelten Ländern an radikalen Veränderungen der gesellschaftlichen und wirtschaftlichen Strukturen in ihren Ländern arbeiten. Daß für uns dabei Lateinamerika, für das Christentum und Kirche eine besondere Verantwortung tragen, im Vordergrund stehen sollte, scheint mir selbstverständlich zu sein. Bei einer solchen positiven Einstellung zu Gruppen in Lateinamerika, die als Christen tiefgreifende gesellschaftliche Veränderungen herbeizuführen suchen, sollte es uns hier nicht allzuviel kümmern, unter welchen Stichworten abstrakter Art sie ihren Willen zusammenfassen. Revolution muß weder im Stil der Französischen Revolution oder der Russischen Oktoberrevolution gedacht werden und ist durchaus nicht etwas, was immer und in jeder Situation dem christlichen Gewissen oder der Bergpredigt widersprechen muß. Sozialismus wäre erst dann ein Wort, das aus dem Vokabular eines Christen pflichtgemäß zu verbannen wäre, wenn deutlich gemacht würde, wie man jene Gesellschaft in ihren Strukturen charakterisieren soll, die sich von einem ausbeuterisch und unmenschlich praktizierten Kapitalismus klar und real unterscheidet, einem Kapitalismus, der auch heute noch in der Welt zu finden ist und so tut, als ob wir Christen ihn billigen oder hinnehmen müßten, bloß weil wir gegen einen atheistischen und totalitären Kommunismus sind. Damit ist natürlich im Grunde immer noch fast nichts gesagt über die konkreten Pflichten und Aufgaben des Christen gegenüber der Dritten Welt. Wir können hier keine konkreten

Programme entwickeln. Vielleicht wäre auch alles, was man da mit einiger Hoffnung auf Realisierung vorschlagen könnte, auch nicht mehr als der berühmte Tropfen auf den heißen Stein. Aber selbst wenn es so wäre, selbst wenn man in dieser ganzen Frage geschichtliche Zwänge und faktische Unmöglichkeiten, das Problem wirklich zu bewältigen, für die Zukunft fürchten müßte, so dispensieren alle diese Umstände einen Christen doch nicht von der Pflicht, wenigstens für diesen Tropfen zu sorgen. Wenn z.B. jede christliche Jugendgruppe von einiger Größe jedes Jahr, wie es in Innsbruck geschieht, drei oder noch mehr Abiturienten für ein Jahr in Entwicklungsländer als freiwillige Helfer schicken würde, wenn jede christliche Pfarrei irgendein Hilfswerk in den Entwicklungsländern adoptieren würde, wenn es farbige Studenten menschlich und nicht nur wirtschaftlich leichter hätten, bei uns zu studieren, dann wären Möglichkeiten realisiert, die man wirklich nicht utopisch nennen kann.

Das gesellschaftspolitische Engagement eines Christen bringt auch unvermeidlich die Frage seines Verhältnisses zu den konkreten politischen Parteien mit sich. Auf das Ganze einer voraussehbaren Zukunft bei uns gesehen, wird man sagen müssen, daß die Christen und die Kirche sich daran gewöhnen müssen, soweit sie es nicht schon getan haben, daß auch wirklich kirchliche Christen verschiedenen politischen Parteien angehören. Es soll natürlich nicht bestritten werden, daß es Parteien geben kann, deren Programm in sich und vor allem auch in seiner praktischen Akzentuierung mit einem christlichen Gewissen objektiv unvereinbar ist, auch wenn damit wie in allen Fällen des sittlichen Handelns ein Urteil über die subjektive Verfassung des Gewissens eines Christen nicht gefällt ist, der eine „unchristliche“ Partei unterstützt. Man kann aber nicht sagen, daß eine bestimmte Partei für einen katholischen Christen schon darum nicht mehr wählbar sei, weil und wenn sie in einem bestimmten Einzelpunkt ihres Programms oder ihrer politischen Entscheidungen an sich den christlichen Normen widerspricht. Denn abgesehen davon, daß man genau nachweisen müßte, daß eine solche einzelne Entscheidung eindeutig dem christlichen Sittengesetz widerspricht, gibt es gar keine Parteien, die nur christlich sind und gegen deren faktisches Verhalten von einem radikal christlichen Gewissen keine Bedenken angemeldet werden müßten. Daß diese oder jene bestimmten

Verstöße gegen ein radikal christliches Gewissen bei einer Partei, beim Durchschnitt der Menschen, auch bei kirchlichen Amtsträgern weniger deutlich oder gar nicht gesehen werden und darum eine bestimmte Partei in der Öffentlichkeit der Kirche als ganz unbedenklich gilt, ist noch kein Beweis gegen die eben aufgestellte These. Vom christlichen Gewissen her kann die Zugehörigkeit zu einer bestimmten Partei, die notwendig und unvermeidlich aus geschichtlich bedingten, kurzsichtigen und auch egoistische Interessen vertretenden Menschen besteht, immer nur nüchtern eine Frage des geringeren Übels sein, und in dieser Frage werden sich die Christen nicht einig sein, und diese Meinungsverschiedenheit wird sogar unvermeidlich auf allen Seiten mit einer christlichen Motivation unterbaut werden, ohne daß man so etwas dem einzelnen Christen verbieten darf. Davon war ja schon früher die Rede.

Schlußwort

Es ist selbstverständlich, soll aber zum Schluß noch einmal ausdrücklich gesagt werden, daß hier in diesem kleinen Buch fast nichts zu den konkreten Fragen gesagt ist, die die Sachkommissionen der Synode beschäftigen müssen, wenn sie Vorlagen erstellen sollen, über die die Synode abstimmen kann. Es ist nichts gesagt worden über die genauere Gestaltung der „Laienpredigt" in einem normalen Gemeindegottesdienst, über die Frage, welche Voraussetzungen gegeben sein müssen, wenn die Kirche heute ein Kind taufen soll, wie hoch das Firmalter anzusetzen ist, welches Verhältnis zwischen dem Sakrament der privaten Einzelbeichte und einem Bußgottesdienst der Gemeinde besteht. Es sind keine Vorschläge gemacht worden darüber, wie die Kirche eine aktive und wirksame Politik der Massenmedien betreiben könne. Es sind keine Vorstellungen entwickelt worden, wie die ökumenische Arbeit in der augenblicklichen Situation an der Basis weitergehen könne, ob und wie die katholische Kirche eine offene Kommunion anderen Christen gewähren könne. Fragen der Abgrenzung einer Diözese, ihrer rechtlichen Strukturierung, des Verhältnisses ihrer Organe zueinander, einer Verwaltungsgerichtsbarkeit, der Struktur einer Pfarrei, der Neuordnung des kirchlichen Verbandswesens blieben unbeantwortet. Der ganze Bereich des Verhältnisses zwischen Kirche und Staat (Schulwesen, Kirchensteuerrecht, staatliche Unterstützung kirchlicher Sozialarbeit usw.) blieb hier außer Betracht. So könnten noch viele Fragen genannt werden, die die Synode beschäftigen können und sicher auch müssen. So könnte man am Schluß dieses kleinen Buches vielleicht sich fragen, ob seine Überlegungen sich lohnen oder zu sehr im allgemeinen steckenblieben, als daß sie der Kirche und der Deutschen Synode dienlich sein könnten. Aber es ist eben doch so: Gerade die fast unübersehbare Fülle von Einzelfragen, die in

Theorie und Praxis auf die heutige Kirche zukommen, bringt die Gefahr mit sich, daß man vor lauter Bäumen keinen Wald mehr sieht, daß die Interessenten und Experten einer einzelnen Frage blind sind für das eine Ganze der Aufgabe der Kirche, in dem allein auch die einzelne Aufgabe sachgerecht bewältigt werden kann. Es kann hier freilich nicht mehr der Versuch gemacht werden, an Einzelbeispielen zu zeigen, daß die hier vorgetragenen allgemeinen Überlegungen auch für die eine zukunftsgerechte Lösung der konkreten Einzelfragen von Bedeutung sind. Eine solche Auswertung dieser Überlegungen muß denen überlassen werden, die auf der Synode oder außerhalb ihrer diese Einzelfragen zu sehen und zu beantworten suchen. Auch schon der Versuch eines Blicks in die Zukunft der Kirche ist schwierig, geht unvermeidlich ins Dunkle und Unbestimmte; wo er etwas entdeckt, sieht er nicht notwendig nur solches, das erfreut und tröstet. Aber ein solcher Blick in das Weite ist notwendig, soll man nicht feig und bequem in der Gegenwart steckenbleiben und die Zukunft nur passiv erwarten. Auch ein solcher Blick kann ein Blick des Glaubens und der Hoffnung sein.